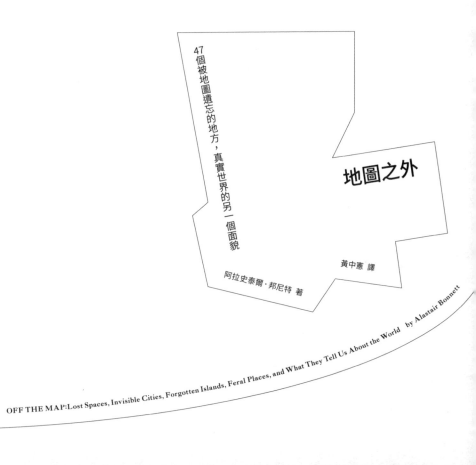

47個被地圖遺忘的地方，真實世界的另一個面貌

地圖之外

黃中憲 譯

阿拉史泰爾‧邦尼特 著

OFF THE MAP: Lost Spaces, Invisible Cities, Forgotten Islands, Feral Places, and What They Tell Us About the World by Alastair Bonnett

OFF THE MAP: Lost Spaces, Invisible Cities, Forgotten Islands, Feral Places, and What They Tell Us About the World

臉譜書房 FS0055X

地圖之外

47個被地圖遺忘的地方，真實世界的另一個面貌

作　　　者　阿拉史泰爾‧邦尼特（Alastair Bonnett）
譯　　　者　黃中憲
責 任 編 輯　謝至平（一版）、許舒涵（二版）
行 銷 企 劃　陳彩玉、陳紫晴、楊凱雯

發 行 人　涂玉雲
總 經 理　陳逸瑛
編 輯 總 監　劉麗真
出　　　版　臉譜出版
　　　　　　城邦文化事業股份有限公司
　　　　　　台北市中山區民生東路二段141號5樓
　　　　　　電話：886-2-25007696 傳真：886-2-25001592

發　　　行　英屬蓋曼群島商家庭傳媒股份有限公司城邦分公司
　　　　　　台北市中山區民生東路二段141號11樓
　　　　　　客服服務專線：886-2-25007718；2500-7719
　　　　　　24小時傳真專線：886-2-25001990；25001991
　　　　　　服務時間：週一至週五上午09:30-12:00；下午13:30-17:00
　　　　　　劃撥帳號：19863813；戶名：書虫股份有限公司
　　　　　　讀者服務信箱：service@readingclub.com.tw
　　　　　　城邦網址：http://www.cite.com.tw
香港發行所　城邦（香港）出版集團有限公司
　　　　　　香港灣仔駱克道193號東超商業中心1樓
　　　　　　電話：（852）2508-6231　傳真：（852）2578-9337
馬新發行所　城邦（馬新）出版集團
　　　　　　【Cite（M）Sdn.Bhd.】
　　　　　　41-3, Jalan Radin Anum, Bandar Baru Sri Petaling, 57000 Kuala Lumpur, Malaysia.
　　　　　　電話：（603）9056-3833 傳真：（603）9056-2833
　　　　　　電子信箱：services@cite.my

一 版 一 刷　　2016年3月
二 版 一 刷　　2022年2月
ISBN 978-626-315-059-1
售　　價　400元

OFF THE MAP by Alastair Bonnett
Copyright © 2014 by Alastair Bonnett
Traditional Chinese translation copyright ©2022 by Faces Publications, A Division of Cité Publishing Ltd.
Published in agreement with Antony Harwood Limited, through The Grayhwak Agency.
All rights reserved.
No part of this book may be reproduced in any form without the written permission of the publisher.

國家圖書館出版品預行編目(CIP)資料

地圖之外：47個被地圖遺忘的地方，真實世界的另一個面貌 / 阿拉史泰爾.邦尼特(Alastair Bonnett)著
；黃中憲譯. -- 一版. -- 臺北市：臉譜，城邦文化出版：家庭傳媒城邦分公司發行, 2022.02
　　面；　公分. --（臉譜書房；FS0055X）
　　譯自：Off the map : lost spaces, invisible cities, forgotten islands, feral places, and what they tell us
　　about the world
　　ISBN 978-626-315-059-1(平裝)

　1.地理學　　　　　　　　　　　　　　　　　　　609.01　　　　110019929

目次 Contents

007　導論

一、失落的空間 Lost Spaces

013

曾經存在卻不復見的空間，暗示著另一種未來，也暗示不為人知的歷史。

015　桑迪島｜一座只在地圖上存在過的島
021　列寧格勒｜名字遭篡奪的城市
026　阿恩｜戰火中被犧牲的村落
030　舊麥加｜汰舊換新的執念
035　新摩爾島｜突然出現的島嶼
041　時間地景｜封存三百年前的紐約
045　阿拉爾庫姆沙漠｜曾是一片海洋的荒漠

二、隱密的地理 Hidden Geographies

053

這些未現身於地圖上的地方，告訴我們地理大發現或許尚未結束……

055　迷宮｜城市底下的祕密世界
061　熱列茲諾戈爾斯克｜自絕於外界的祕密小鎮
066　卡帕多細亞的地下城｜足以容納三萬人的地下城市
073　狐穴｜城市不只是人類獨有
078　馬尼拉北墓地｜與死人共居的活人
083　北森蒂內爾島｜從未與外界接觸的原住民們

089　三、無主之地 No Man's Lands

不屬於任何人的地方，讓我們想起自己是何等依賴秩序、篤定的感覺。

091　邊境站之間（幾內亞與塞內加爾）｜不受國家拘束的空間
096　比爾泰維勒｜被遺棄的土地
101　納瓦特里克｜一覺醒來，竟變成了外國人
106　特瓦伊爾・阿布・賈瓦爾｜不被承認的村莊
112　安全島｜到處可見，卻又被視而不見

119　四、死城 Dead Cities

空無一人，卻更吸引人。

121　威特努姆｜從地圖上被刪除的毒害之城
128　康巴什新區｜堂皇氣派卻幾無人居的城市
133　機井洞｜北韓對南韓的統戰策略
138　阿格達姆｜世界上最大的死城
145　普里皮亞特｜在車諾比核子事故之後
152　西西里未竟考古公園｜未完工的城市

157　五、例外的空間 Spaces of Exception

不受一般規則束縛的地方，挑戰我們的主權觀與所有權觀。

159　采斯特營｜短暫成為蘇格蘭的荷蘭土地
165　日內瓦自由港｜大型的免稅藏寶庫
170　布加勒斯特穆雷斯街四號「明光」｜美國中情局的秘密訊問拘留所
175　國際空域｜頭頂上的這片天空該屬於誰？
180　訂口空間｜無用的畸零土地
184　豐饒村｜自給自足的理念村
190　聖山｜希臘東正教的隱修院半島
198　幼苗牧場：布羅塔斯基隆博｜奴隸創立的自由領土
204　哥革武控制的哥倫比亞地區｜擁地自重的武裝叛亂分子
210　霍表｜政府勢力蕩然無存的野性城市

217　六、飛地與自立門戶的國家 Enclaves and Breakaway Nations

邊界的繁多，反映了人們政治、文化選擇分殊多樣的本質。

219　巴勒納紹與巴勒海托赫｜被國界四分五裂的兩個村子

227　奇特馬哈爾｜孟加拉與印度之間的飛地區

232　席蘭｜「我為何不能有自己的國家？」

239　隆達丘克威聯合王國｜非洲境內未受承認的國度

245　加告吉亞｜獨立就是美滿的句點嗎？

251　七、浮島 Floating Islands

無法確定位置的漂流地，讓我們得以與地球建立較自由的關係。

253　浮石島和垃圾島｜這樣的島，能住人嗎？

259　漂浮的馬爾地夫｜在水上建造城市

265　尼普特克 P-32 噴造式冰島｜用冰做成一座島嶼

269　世界號｜既是家，也是交通工具

275　八、曇花一現之地 Ephemeral Places

因著各種目的，我們打造出許多短暫存在的地方。

277　豬背嶺的路邊停車帶｜性與地理之間有何關係？

283　洛杉磯國際機場停車場｜「機場會是二十一世紀真正的城市」

289　鳥不拉屎之地｜因節慶而生的地方

295　史戴西巷｜孩童為自己打造的角落

299　結論：對戀地物種的同情

302　誌謝

303　參考書目

導論

　　自有地理學起，人就著迷於奇特不凡之地。埃拉托色尼（Eratosthenes）寫於西元前兩百年左右的《地理學》（*Geographika*），帶讀者遊覽眾多「名」城和「大」川，而西元一世紀初期斯特拉博（Strabo）為羅馬帝國當政者寫的十七卷《地理學》，則詳盡收集了旅程、城市、目的地方面的資料。斯特拉博筆下諸地，最令我心儀者，乃是印度的金礦。他寫道，那些金礦由「和狐狸一樣大」、擁有「如豹」之毛皮的螞蟻挖掘。我們對來自遙遠異地之奇聞異事的喜愛從古至今未消，但如今，我們對地理再魅（geographical re-enchantment）的需要，屬於另一種需要。

　　我對地方（place）的喜愛，源於住在艾平（Epping）時。艾平是倫敦附近的諸多通勤鎮之一，住來還滿舒服，但普普通通，沒地方特色。我在那裡出生，長大。過去我習慣搭中央線地鐵到艾平，或利用倫敦的環城公路開車到那裡，那時我常覺得像是從一鳥不拉屎之地前往另一鳥不拉屎之地。穿越曾具有重要意義——或許曾極具意義——但如今已淪落為樣樣事物都是浮光掠影、每個人都只是過客的地方，讓我感到不安，讓我想找對我有重要意義的地方。

　　只消朝我們總是擁擠不堪的道路走上一小段，就能理解過去幾百年，我們在世界各地摧毀地方的本事，比建造地方的本事厲害得多。最近一堆書的書名，例如保羅・金斯諾思（Paul

Kingsnorth）的《真英格蘭》（*Real England*）、馬可・奧傑（Marc Augé）的《非地方》（*Non-Places*）、詹姆斯・康斯勒（James Kunstler）的《鳥不拉屎之地的地理學》（*The Geography of Nowhere*），點出一個正浮現的隱憂。這些作者所要探討並表達的東西，乃是一個普遍的感受：與眾不同之地被平淡無奇的無特色之地取代，使人與某種重要的東西割離。紐約州石溪大學哲學教授愛德華・凱西（Edward Casey），是世上探討地方的最傑出思想家之一。他主張「千篇一律之地在全球的大行其道」，正逐漸侵蝕我們的自我感，「使人渴求地方的多樣性。」凱西對知識界不再把地方當作思考對象一事不以為然。在上古、中古的思想裡，地方常是著墨的重心，是其他任何事物發展的場所和環境。亞里斯多德認為地方應「優先於其他任何事物」，因為地方賦予世界以秩序。凱西告訴我們，亞里斯多德說地方「賦予它所在之處許多羊皮盾（aegis），即主動的保護性支持。」但一神教和後來啟蒙運動兩者自大的普世主義主張，聯手將地方描述為偏狹的，把地方與他們宏大但抽象的全球一體觀相比，視之為一個平凡無奇的註腳。現今許多知識分子和科學家對地方興趣缺缺，因為認為他們的理論一體適用於各地。地方遭貶低，遭撤換，而其有點自負且抽象得恰如其分的地理學對手──「空間」觀念的興起，則對這一過程起了推波助瀾的作用。空間予人地方所沒有的現代感：空間讓人想起流動和沒有限制；空間預示充滿應許的空蕩蕩景觀。碰上充塞地方的忙碌和古怪時，現代社會的反應一直是予以修正和合理化，把連結擺在第一位，消除障礙，用空間制服地方。

在哲學史著作《地方的命運》（*The Fate of Place*）中，凱西描繪出人們日益強烈的「對地方精神（genus loci）的鄙視，對地方之特殊性的冷淡。」如今我們都容忍此一作為的結果。那些結果，我們大部分人往窗外一看就能看到。在超流動的世界裡，對地方的愛，可能動輒就被說成是過時的，甚至反動的。當自我抱負的實現以飛行哩程來衡量，當連地理學家都贊同麻省理工學院教授威廉・米契爾（William J. Mitchell）「社群越來越在網路空間找到他們的共同基礎，而非在堅實土地上」這看法時，想思索地方一事就可能顯得有些有悖常情。但地方沒有特色，在知性上和感性上都令人不滿意。湯瑪斯・摩爾爵士所造的希臘文新詞「utopia」（烏托邦）或許可譯為「不存在之地」，但沒有地方特色的世界有可能成為反面烏托邦。

地方是人性意涵裡基本且能不斷改變的一個層面。人是打造地方、愛地方的物種。著名演化生物學家愛德華・威爾遜（Edward O. Wilson）談到人天生所固有且從生物學上來看必需的「對生物之愛」，並將此種愛稱作「biophilia」。他說，對生物之愛既把我們連結為一個物種，也把我們與其他萬物連結在一塊。我則認為，在地理學上有一個受到不該有之漠視且同樣重要的東西：「topophilia」，即「戀地情結」。topophilia是華裔美籍地理學家段義孚於威爾遜提出 biophilia 的約略同時造出的新詞，而對戀地情結的探討，即是本書的核心。

還有一個主題貫穿本書所收錄的諸地，即「逃離的需要」。這一念頭在今日比在以往任何時候更為普遍：有人不斷在我們面前拿美妙的度假地和生活方式逗引我們，因此許多人不滿於日復

一日的生活，也就不足為奇。今人覺得整個地球如今受到鉅細靡遺的了解和偵察，而這感覺，加上無地方特色這現象的出現，使上述不滿蔚然成風，使人想找個不在地圖上、有點隱密或至少能令人吃驚的地方。

赫爾曼・梅爾維爾（Herman Melville）在《白鯨記》（*Moby-Dick*）中描寫以實瑪利的土著盟友和朋友魁魁格的村子時寫道，「它不在任何地圖上；真正的地方從來都不在地圖上。」說來奇怪，但我當下直覺那說得通。它觸及到隱伏在文明理性表面底下的一個猜疑。當世界已被完整的編碼、核對，當矛盾與含糊已被廓除，因而我們精確且客觀的知道任何東西的所在和名稱時，失落感油然而生。把一切都探明，反倒使人哀嘆再無探索的可能，不斷思索著哪裡還有新奇與逃離的可能。就是在這一大環境下，那些未被命名和遭遺棄的地方——遠在天邊的地方和我們每天經過的地方——散發出浪漫的氛圍。在已被徹底發掘的世界裡，探索並未停止；我們所必須做的，只是重新想像和重新思考世界。

一九九○年代初期，我參與了一個較偏離常軌的這類重想、重思世界的活動，即人稱的「心理地理學」（psychogeography）。在那個活動裡，大部分時候，若非得漫無目的走動，尋找我某些同志所揣想為超自然能量的東西，就是得利用某地的地圖在另一地裡闖蕩，藉此刻意讓自己迷路。拿著柏林地鐵地圖在英格蘭蓋茨海德（Gateshead）一家托兒所內四處遊蕩，真的讓人搞不清方向。這麼做時，我們覺得自己真是大膽，但事後來看，對於徹底重新發掘自己周遭景觀的渴求，我覺得根本再平常不過。再魅

（re-enchantment）乃是我們所有人都有的需求。

　　接下來我們就來踏上一段旅程——到地球的盡頭和街的對面，只要能讓我們離開熟悉且例行事物的地方即可。不管是好是壞，嚇人或美妙：我們需要超乎預期且難以駕馭的地方。如果找不到這類地方，就要創造它們。我們對地方的愛永遠不可能被打消或滿足。

　　我們要前往未經探明的土地，前往只出現於少數地圖上且有時不見於任何地圖上的地方。它們既獨特且真實。這是一本談浮島、死城、隱密王國的書。先從未經人類斧鑿的地方著手，探索已被人無意中遇見或揭露的失落之地，然後前往已受到較有意識之塑造的地方。那不是個平順的過程，因為我們所將遇到的地方，幾乎個個充滿弔詭且難以界定，但這一過程的確使我們得以遇見一個驚人多樣的世界。誠如不久後就會發現的，這不是要提出一個充滿樂土的玫瑰色星球。真正的對地方之愛，靠幾個陽光普照的村子，無法予以滿足。最迷人的地方往往也是最令人不安、最蠱惑人、最駭人的地方。它們也往往是維持不了多久的地方。我們所將探索的地方，大部分在十年後會變得大不相同；許多將從此消失。但對生物之愛不會稍減，因為我們知道自然往往可怖，知道凡生命都是過客，同理，真正的對地方之愛知道，我們與地方的連結，目的並非在地理學裡找到角色等同於寵物貓狗的東西。這是種強烈的愛，是暗暗的受魅，深入肺腑，要我們注意。

　　本書由四十七個地方構成，這些地方雀屏中選，乃是因為它們每個都以不同的方式迫使我重新思考我對地方的認識。它們中

選，不是因為希奇古怪或引人注目，而是因為擁有使人深省、迷失方向的能力。它們種類繁多，從最奇特、最浩大的工程到我所住城鎮不起眼的角落，不一而足，但在激發、重塑我們地理想像的能力上，它們無分軒輊。它們的存在使世界變成一個較奇怪的地方，且在那地方裡，不管是遠在天邊，還是近在咫尺，發現和冒險仍然可能。

註：書中所列出的地方，可能的話，我都加上 Google Earth 座標，以標出每個地方大略的中心或所在位置。這些座標彼此不相衝突，但不能說精確無誤，原因之一是它們可能隨著 Google Earth 更新而改變。存在於歷史的地方或流動的地方，則未標出座標。（編按：於 Google Map 上搜尋座標也可以找到該地，且可用空白代替經緯度符號，如 P.15 桑迪島可輸入 19 12 44 S 159 56 21 E。）

【一】
失落的空間

Lost Spaces

曾經存在卻不復見的空間，
暗示著另一種未來，也暗示不為人知的歷史。

一座只在地圖上存在過的島

桑迪島
Sandy Island

19°12'44" S 159°56'21" E

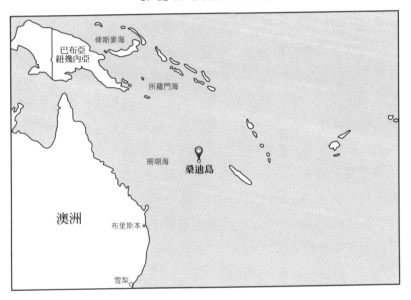

　　人類萬物之靈的身分是在地方裡打造出來，因而那些消失的地方，那些存在然後逝去的地方，讓人不安。失落的地方既暗示另一種未來，也暗示不為人知的歷史。有時它們遭到刻意的壓抑（列寧格勒、舊麥加），但也有些失落的地方純粹是逐漸消逝，淪為荒煙蔓草，不再使用（阿恩、時間地景）。偶爾還有些是重現江湖，卻已在根本上改頭換面（新摩爾、阿拉爾庫姆沙漠）。但還有一些失落的地方，例如桑迪島，其失落乃是因為它們從不

存在。

在探索史裡，發現一地根本不存在，乃是較冷門但令人著迷的活動。最晚近的例子出現在二○一二年。當時，有艘澳洲調查船前往昆士蘭東邊約一千一百公里處的桑迪島，發現沒有這座島。但幾乎自有人繪製這些海域的海圖以來，地圖上一直標示著這座二十四公里長、約五公里寬的長橢圓形島嶼。

一八七六年一艘名叫「疾速」（Velocity）的捕鯨船，首度在此看到沙質小島和海浪撞擊障礙物濺起的浪花。幾年後，桑迪島出現在澳洲海軍手冊裡。一九○八年，它被列入英國海軍部的該區域海圖裡，使它的存在更像那麼一回事。但它在這張海圖中以虛線標出輪廓，表明它被認定為潛在的危險，暗示它需要進一步的探查。四年前的一九○四年，《紐約時報》報導了美國巡洋艦塔科馬號（Tacoma）奉派去查明「美國島群」裡「數百個被標示為陸地的虛幻地方」。「美國島群」指的是據認位於美國與夏威夷之中途的一連串島嶼。身兼夏威夷國王卡梅哈梅哈之「科學顧問」的艦長約翰・德葛利夫斯（John DeGreaves），宣稱他與著名的「西班牙舞者」暨巴伐利亞國王路德維希一世的情婦蘿拉・蒙泰斯（Lola Montez）一同在其中一座島上野餐，從而使這些島嶼的存在更為可信。

但最後查明那些島嶼和野餐之事都是該艦長所虛構。《紐約時報》這篇報導詳細說明了大洋為何除了有荒誕不稽的傳說流出，還充斥著地圖繪製上的疏失。「遠遠看去讓水手以為是淺灘的長長暗色區塊或明亮的淺黃色區塊」、「讓人誤以為是浪花的退潮流」，乃至浮上水面的鯨背，都足以引發一個新傳說。

二〇一二年十一月二十六日桑迪島所在地的衛星空拍圖。若桑迪島實際存在，應在此圖的右半部。© NASA, WIKIMEDIA COMMONS

《紐約時報》接著寫道，在相關資訊奇缺且可供進一步證實或反駁的證據少有的寂寥海上地區，最薄弱的證據都「會在海圖上存在一段時間，並在海圖上的文字標示旁，附上令人難堪的字母E.D.（existence doubted），意為其存在受到懷疑。」

水手尋找陸地且盼望陸地，因而一丁點的跡象，水手都不放過。桑迪島的身分未受到懷疑，反倒變得更為無懈可擊。標記在一份具權威性的海圖上之後，它得到確認無疑的保證，它的存在直到二十世紀之後還被人深信不疑。國家地理學會和《泰晤士報》製作的地圖都標記了它，沒有人抗議，乃至沒有人注意到。衛星似乎也捕捉到它的影像，而在許多人眼中衛星是Google Earth的唯一資料來源。領導這支澳洲調查隊的瑪麗亞・塞頓（Maria Seton）博士向記者說明，在Google Earth和其他地圖

上都有此島，但航海圖顯示該地點水深一千四百公尺，「於是我們前去查看，發現沒有島。我們很困惑，那真是怪。」

二〇一二年十一月二十六日，Google Earth 塗黑桑迪島，後來用大海蓋過該地點。如今，在 Google Earth 上，桑迪島原來所在的地方，密密麻麻分布了數十張瀏覽地圖者上傳的照片。這些瀏覽者抗拒不了創作衝動，在這座前島嶼上撒下恐龍相鬥、都市陋巷、古怪廟宇的影像。

桑迪島消失一事，在全球引起小小騷動。如果桑迪島不存在，那怎能確定其他地方真有其地？桑迪島突遭抹除，迫使我們了解到我們的世界觀偶爾仍倚賴來自遙遠異地未經核實的說法。現代地圖聲稱讓全人類覽盡全世界，但事實表明，Google Earth 之類的新企業不只使用衛星照片。它們倚賴多種資料來源，其中有些是過時的地圖。

二〇一二年前就有人知道桑迪島根本子虛烏有。它位於法屬新喀里多尼亞「特別行政區」數百英里的領海內，但幾十年前，法國就悄悄將薩布勒島（Île de Sable，法國人對桑迪島的稱呼）從其地圖上拿掉，一九八二年問世的法國水道局海圖未標出它。蘇聯境內繪製的一張一九六七年該區域地圖，也未標出它。這表明並非每個人都用同樣的一手資料。但這不表示法國人或蘇聯人一直比其他人更有見識。二〇一〇年法國米其林世界地圖收入薩布勒島，它不存在的消息令法國大眾吃驚的程度，絲毫不下於令世界其他人吃驚的程度。澳洲人發現桑迪島不存在後，法國《費加洛報》於二〇一二年十二月三日宣布：「這個幽靈島的謎團解開。」

　　但這件事的意義不只在地理資料亂湊這個技術層面上。數千英里外的一道狹長沙地，位在幾乎沒人聽過的地方，經查明根本不存在，此事為何和你我有關係？

　　有關係，因為如今我們雖然抱著世界已完全呈現人類眼前且得到詳盡探明的認知，我們還想要且需要使我們的思緒得以自由馳騁的地方。隱密且特別的地方是人得以盡情馳騁地理想像的地方；是一座堡壘，抵禦了過去兩百年所建構，把越來越多地方甚至所有地方都看透之海圖。一九〇八年英國海軍部將桑迪島放進其海圖裡一事，是個愚蠢的疏失，一個當時罕見的錯誤。十九世紀和二十世紀初期諸海上強國未用傳說中的島嶼點綴地球儀，而是不斷查明這類傳言，予以證實或予以推翻。於是，一八七五年英國海軍部的修正版太平洋海圖拿掉一百二十三座其實不存在的島嶼。一九〇四年《紐約時報》那篇報導，使塔斯馬尼亞島南方那群被稱作皇家公司群島（Royal Company Islands）的島嶼獲證實為並不存在。在派船前去考察之後，這些島，一如之前的許多島，從地圖上被拿掉。美國船為現代性（modernity）付出了他們的一份心力：破除懷疑，獲致無所遺漏的知識。但現代性也賦予我們自我質問和自我懷疑的意識，從而使我們得以了解獲致現代性的同時也失去了某個東西。誠如今日 Google Earth 地圖上桑迪島所在位置上那些離譜、怪誕的照片所間接表示的，桑迪島的消失反倒使它成為想像力的造反基地，無辜卻暴得大名，成功躲掉了龐大的全知科技。

　　桑迪島的故事或許間接表示需要好好勘察那些尚未被發現的島嶼，那些曾被認為存在但後來發現不存在的地方。但事實

表明早有許多島被人戳破身分。從威廉・巴卜卡克（William Babcock）的《傳說中的大西洋島嶼》（*Legendary Islands of the Atlantic*，1922）之類的早期著作，到海洋學家亨利・史東梅爾（Henry Stommel）的《失落的島嶼》（*Lost Islands: The Story of Island That Have Vanished from Nautical Charts*）、派翠克・努恩（Patrick Nunn）的《太平洋上消失的島嶼和隱密的大陸》（*Vanished Islands and Hidden Continents of the Pacific*）之類的較晚近專題著作，已有許多不存在的島嶼公諸於世。其中有些專題著作著墨於航海者的錯誤，而且這類錯誤似乎不少。還有些專題著作，例如派翠克・努恩的著作，將傳說與科學熔於一爐。努恩所關注之處，乃是在許多太平洋島嶼族群裡所發現的原住民失落島嶼傳說，如何融入該區域的環境史且成為該史引人注目的一部分。事實表明藉由提及海平面變化和地震活動，有時能說明為何有「傳說中的島嶼」。古代地形變動記載於當地神話和口耳相傳的傳統信仰中。在世上其他地方可找到類似的關係，尤以在亞特蘭提斯大陸的傳說中最為人知。

對桑迪島之類虛幻之地的關注正漸漸升高。原因之一是這類「未發現」的情事如今很罕見：不大可能還會有許多島嶼「找不到」。但世上仍有許多變動中且可能令人起疑的現象，包括國家、邊界、山川之形狀之類的地圖繪製「事實」，會繼續擾亂我們確信不移的地理事物。事實上，我們想要一個並未了解透盡而仍能令我們驚訝的世界。隨著資訊來源改善且變得更為完整，創造並想像不在地圖上之新地方的需要也隨之變大。

名字遭篡奪的城市

列寧格勒
Leningrad

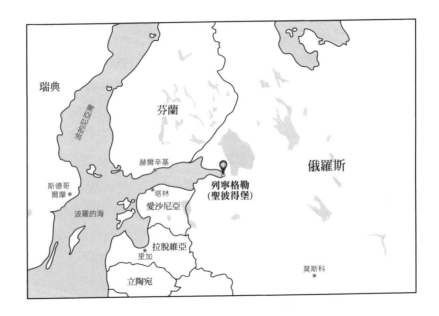

　　聖彼得堡於一九二四年改名列寧格勒時，其原名未遭遺忘。此前就已改過一次名，即一九一四年改為更富有俄羅斯味的彼得格勒。但在該市出生的詩人約瑟夫・布羅茨基（Joseph Brodsky）認為，它將永遠是彼得堡。在其一九七九年的《一易名城市的指南》（*A Guide to a Renamed City*）中，他說該市市民仍稱它「彼得」，「在此，彼得的精神仍比新時代的氣味遠更容易察覺到。」十二年後，該市再度成為聖彼得堡。但列寧格勒也不

願靜悄悄走開。它或許已從地圖上移除，但那不表示它消失了。

柴拿·米耶維爾（China Miéville）的《城市與城市》（*The City and the City*）是部寓言性作品，描寫兩個同居一地卻彼此敵對的城市，兩城居民藉由「不看見」對方和另一城市保持文化上的純正。但想瞧一眼對方的念頭實在太強烈，折磨他們的心思，支配他們的每一步。對於已遭取代、更名的地方來說亦是如此：這類地方既如鬼魅又吸引人。令人意外的，我們未因這類改變的司空見慣而對其無動於衷。保加利亞古城普洛夫迪夫（Plovdiv），建城兩千年來經歷過十二次這樣的改變。二十世紀，改地名成為進步的護身符。從村到國，樣樣改名，看似簡單的一個作為，卻往往為其居民帶來深遠影響。有些改名涉及對某個古地方施加新的國族認同。鄂圖曼帝國於一九二三年成為「土耳其」和暹邏於一九三九年成為「泰國」時，原本界定寬鬆的多族群範疇變成獨尊一族的範疇。不屬土耳其族或泰族的公民，一夜之間失去故國，變成異類，從而成為易受外來傷害的弱勢。

泰族、土耳其族民族主義者宣稱，暹邏和鄂圖曼帝國改名的時機已成熟。鄂圖曼帝國已走入歷史，「暹邏」一詞則似乎來自印地語對該地區的稱呼。土耳其族和泰族認為舊名不值得珍惜，原因之一是他們是一場較量——外界眼中的本地化過程——的勝出者。但事情很少這麼單純。一九三〇年以士麥那（Smyrna）取代伊茲米爾（Izmir）一事，標誌著該城希臘裔居民遭驅逐出境和該城重生為土耳其族城市。一九四六年「東普魯士」成為東波蘭和蘇聯的加里寧格勒（Kaliningrad）飛地，從而徹底消失，也是報復和族群清洗的表現。普魯士的這一東部邊境，以德意志

人為主要居民達四百年。但幾年時間，德意志人就消失，或為躲避紅軍而西逃，或遭史達林驅逐。但馬克思・埃格勒蒙特（Max Egremont）稱之為普魯士「低語之過去」的那個東西，不斷重現人間——這塊飛地的主要城市也叫加里寧格勒，舊德語名則是柯尼斯堡（Königsberg）。柯尼斯堡一名讓人想起哲學家、修道院、城堡，而非蘇聯軍隊，而返回該城的計畫，一再有人提起，然後擱置。

　　聖彼得堡的共產主義過去受到許多許多人辱罵，但它不願縮起身子死去。有太重要的東西埋在那裡：平日的奮鬥和獨特的

十九世紀時列寧格勒（聖彼得堡）的一條主要道路「涅瓦大街」（Nevsky Avenue）。
© Kaganer, WIKIMEDIA COMMONS

戲劇性事件。列寧格勒的歷史使彼得堡顯得淺薄。彼得堡是十八世紀彼得大帝於波羅的海沿岸建造的帝國新城，取了帶有荷蘭味的外來名「Santk-Petersburgh」。它的目光朝向歐洲、未來與上層文化，遠離俄羅斯與其廣大且冷淡的農民。列寧格勒出生的小說家米哈伊爾・庫拉耶夫（Mikhail Kuraev）反對以這個較古老但外來的名字取代列寧格勒一名，在俄國某文學雜誌上刊文，聲稱「三百年前，Santk-Petersburgh 一名在俄國人聽來，就如 Tampax、Snickers、Bounty、marketing 在今日我們聽來的感覺。」庫拉耶夫認為彼得堡是「外來移民」，列寧格勒則是道地俄國人。

列寧格勒在俄國人的記憶裡贏得其一席之地：它浸潤著愛國志士與革命人士的鮮血。二次大戰期間，這個城市撐過九百天的圍城，挨餓的城民保住他們的城市，然後從瓦礫堆中予以重建。史達林頒予列寧格勒「英雄城市」的封號。就連圍城的納粹黨人都佩服該城城民的堅定不屈，且令他們佩服者不只這一點。列寧格勒雖有彪炳的革命功績，卻也是另一種思想的中心。一九四〇年代晚期至一九五〇年代初期，由於莫斯科決意剷除反史達林主義，該城許多黨領導遭吊死或放逐，是為列寧格勒事件。

列寧格勒出生的俄國流亡人士，哈佛大學的斯韋特蘭娜・博伊姆（Svetlana Boym），會成為懷舊專家，也就有其脈絡可尋。在《懷舊的未來》（*The Future of Nostalgia*）中，她以諒解的口吻描寫了「列寧格勒和彼得堡兩者持續爭鬥」的許多方式。博伊姆特別心儀於在列寧格勒咖啡館裡找到的該城放蕩不羈的一面，表示列寧格勒以另類城市或第二城市的姿態繼續存在，讓人

想起「尚未實現的重大潛力」。她教我們以正面的態度認識那所有遭抹除的回憶，把它們當成資源來建造更開明的城市。

但我認為把遭篡奪的城市變成它對手底下放蕩不羈的潛台詞，恐怕只是另一種遺忘。在彼得堡，似乎有許多人對列寧格勒之死感到遺憾，且這一遺憾與這一非主流的政治認同沒什麼關係。他們懷念那明確的秩序井然感、廣大的社會安全網、敬老的心態、較慢的生活步調、尊嚴與勇武。眷戀之情的增深，或許也是使列寧格勒不死的原因。畢竟列寧格勒於一九九一年易名時，已存世六十七年。

列寧格勒或許從未成為其另類咖啡館裡的人士所憧憬的那個不墨守成規的城市，但它是擁有漫長平凡歲月和巨大犧牲之地。相對的，今日的彼得堡像是列寧格勒出生的詩人亞歷山大‧斯基丹（Aleksandr Skidan）稱之為「在朗朗天空下博物館化」的那個東西。消滅列寧格勒時，蘇聯共產主義的受害者已得到某種應有的補償，但這一作為也抹去這些受害者和種種平淡無奇的回憶。

列寧格勒陰魂不散。世上第一座列寧雕像仍聳立在列寧廣場，儘管幾年前故意破壞公物者用炸藥把他背面炸出一個大洞。該城另一座列寧雕像，在二○一○年另一場炸彈爆炸事件中，幾乎被炸成兩半。這些雕像未遭拆除，而是得到修復。較有見識的市民知道彼得堡也是列寧格勒，知道這兩者必然以某種方式並存。列寧格勒需要的不是愛或尊敬，而是承認。一如世上其他許多改名的地方，這個城市的前身似乎比取代它者更為惱人，但也更有意思，且有時更有活力。

戰火中被犧牲的村落

阿恩
Arne

50°41'39" N 2°02'29" W

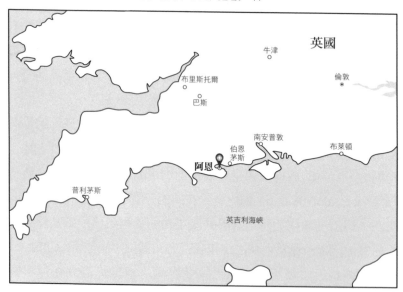

　　何謂被犧牲掉的地方？阿恩就是個實例。這個村子座落於伸入英吉利海峽的小半島上，一九四二年村中居民遭撤走。在離村不遠處，英國人蓋了一座工廠當誘餌，用以吸引德國轟炸機轟炸，使位於北方數哩處霍爾頓希斯（Holton Heath）一地的遼闊軍工廠「皇家海軍線狀無煙火藥廠」（Royal Naval Cordite Factory）不致被炸。

　　二次大戰期間，英格蘭各地蓋了許多設施當誘餌。其中許

多設施很粗糙，建造遠不如阿恩那麼用心，因為要把轟炸機引離城市，需要較複雜的作業。一九四〇年十一月科芬特里遭空襲後，幾乎各大都會區外面都開始建造龐大的「海星」（Starfish）誘餌城，以讓轟炸機駕駛誤以為下方是一燃燒中的城市。到了一九四三年一月，已建了兩百多個「海星」誘餌城。初期，為這一欺敵任務，砸了數噸的易燃物，但隨著戰事進展，誘餌城變得較為複雜。鋼造箱、槽、管派上用場，每隔一段時間就往它們傾倒、噴撒或小量注入燃料；由主控地堡統籌一整套煙火裝置的噴發。最富巧思的造火裝置名叫「鍋爐火」（Boiler Fire），定期從一貯存箱裡將油釋放到一加熱的鋼盤裡，讓油在其中汽化。然後隨即將水倒進那盤子裡，製造出往上竄高十二公尺的巨大白熱火焰。一般「海星」誘餌城可能包含十四個「鍋爐火」，每隔四小時就燒二十五噸燃料。

「海星」成效卓著，到了一九四四年六月，誘餌城已被攻擊七百三十次。英國城市雖遭猛烈轟炸，但未遭夷平，正大體說明這些誘餌發揮了功效。它們把高爆炸藥和燃燒彈引到自己身上，拯救了數千條人命。如今，還有一些主控地堡存世，但誘餌城本身已消失，回落到周遭的大地裡。

阿恩的誘餌設施由諸多柏油桶和傳送煤油的管子構成，將它們點燃，從空中望下去，就好似燃燒的建築。這套辦法奏效。數百枚炸彈丟在阿恩，霍爾頓希斯的軍火工廠幾乎毫髮無傷。

如今阿恩是個平靜美麗的地方。戰後，這個村子遭廢棄，直到一九五〇年代晚期都荒涼不堪。一九六六年，皇家護鳥協會接管此地，翻修剩下的建築，包括一座十三世紀的教堂和一座維多

利亞時代的舊校。這座半島的大部分地方闢為一自然公園，這座
廢棄的村子則已成為該公園的一大特色。彈坑已成為野生動物的
棲身之所，炮台被濃密的雜草覆蓋。大批一身綠的賞鳥人士在停
車場整隊，肩扛著望遠鏡，準備前去獵取本地罕見鳥類的身影，
例如身形嬌小的達特福德刺嘴鶯。

　　軍事景觀或許已遭吞沒，但未遭消化：如此平靜的大地底下
有著如此殺氣騰騰的景觀，令人不自在。阿恩的主要地理景觀，
蔚為一片花海的沙質灌木荒野，受到「保存」和「保護」，但廢
棄之感在人們心頭徘徊不去，削弱了那些標籤所暗示的安全、舒
適之意。在此，新營造的氣氛掩蓋了那段狂轟濫炸、造成死傷的
過往記憶，但那一過程也使今日的阿恩顯得脆弱、短暫。

　　阿恩是英格蘭多塞特郡遭棄置的兩百五十個村子之一。有些
村子幾無異於中世紀留下的低矮村落，其他村子則是較晚近才廢
棄。二十世紀最著名的此類村子是泰恩罕（Tyneham），與阿恩
一樣位在多塞特郡海岸，一九四三年村民遭撤離，以便陸軍練習
實彈射擊。在為諾曼第登陸準備期間，這段海岸的大部分地方劃
為演習區，因為其地形類似諾曼第海灘。在泰恩罕，曾有人在教
堂大門釘上一張布告：「我們已放棄我們其中許多人住了數代的
房子，以協助打贏此戰，使免遭奴役。我們終有一天會回來，感
謝你們善待這個村子。」但村民一去不回。如今，泰恩罕只剩一
些廢棄的石屋，它們仍座落在軍方射擊場內，且和多塞特郡內這
個區域的大部分地方一樣，仍受英國陸軍管轄。

　　晚近的某項考古調查推斷，阿恩的誘餌設施「已被轉為農
用，誘餌特徵無一倖存。」在據說原座落著誘餌設施的地方，我

花了幾小時在田地、林地、蘆葦叢裡翻找，未找到多少東西，至少沒我事先認定的那麼多。有一些巨大彈坑和兩對已脫開鉸鏈、被纏繞植物吞沒的軍用大門，但此外除了一些大木頭釘、一些染成綠色、腐朽嚴重的木頭和帶著淡淡嘔心橘色的數塊爛葉地，幾乎沒別的東西。我不清楚在考古學家已對這個地方死了心之時，我為何仍以為我的業餘搜尋會找到什麼較令人振奮的東西。我一心認為曾燒得如此燦爛、如此駭人的地方不會只留下燒痕。但我唯一能聲稱找到的東西，乃是一絲絲不確定且寧靜的氣氛。我的出現把鹿嚇得竄入附近的濕地。這裡已很久沒人出現。阿恩是個曾受戰爭暴力洗禮的地方，散發令人不知所措的死寂。由火、炸彈、撤離構成的那段過往，使它今日的寧靜讓人不安。我離開樹林，循著蘆葦叢之間的細長堤道走到一長滿荊豆叢的岩質小島。天氣晴朗且溫暖，我本可以躺下，好好聆聽鳥鳴，但阿恩使我抓不住方向，靜不下來。

汰舊換新的執念

舊麥加
Old Mecca

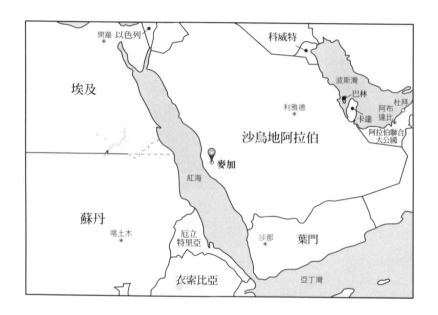

　　過去二十年，麥加古城區拆掉了約九成五，市容脫胎換骨，出現寬敞大馬路、停車場以及飯店兼商店大樓。就連麥加的英文名都已更新：沙烏地阿拉伯人如今較愛叫它 Makkah。

　　如今，麥加天際線上最雄偉的建築是身形龐然的麥加鐘樓費爾蒙特飯店（Makkah Clock Tower, A Fairmont Hotel）。它是形如倫敦大笨鐘的巨大蘇聯式建築，俯臨天房（Kaaba）和大清真寺這兩個最神聖的伊斯蘭教聖地。在該飯店的網站上，我察

覺到──儘管是無意中察覺──此飯店對這一不敬行徑的渾然不
察：「麥加鐘樓費爾蒙特飯店，麥加第二個地標，以平實、恭敬
之姿引人注目，有個從十七公里外就可看到的搶眼大鐘。」

　　麥加城大興土木，除了為了替每年湧入的三百多萬朝觀者
提供所需設施，沙烏地阿拉伯破舊行動的實事求是本質也是一大
推手。千百年來，伊斯蘭教始終禁止為人或動物造像，但恪守教
義的沙國人已和房地產開發商聯手執行一涵蓋範圍大上許多的計
畫，將所有古建築和古蹟都列入改造。

　　一如許多城市所仍體認到的，除舊換新不只使世界少掉難
得一見的美麗景觀，還除掉了把居民結為一體的記憶、故事和關
聯。把複雜多元的地方改造為淺薄簡單的地方，創造出較難抵禦
外來文化入侵的族群，失根的大眾，靠著由上而下灌輸給他們的
意識形態維繫，才不致分崩離析。

　　那些曾執行過類似之集體拆遷工程的共產主義政權，非常清
楚這一過程。羅伯特・貝文（Robert Bevan）以都市重建的政治
學為題，寫了發人深省的著作《記憶的摧毀》（The Destruction
of Memory）。欲把一地的舊東西拆除的執念，伴隨著國家共
產主義的誕生和維持而來。而他在此書中，按發生的先後順序
記述了這股執念在各地的體現實例。他認為有人「勸毛澤東應
該在神聖的舊北京城旁建新北京城」時，毛之所以聽不進去，乃
是因為對毛來說，要把人民塑造成他所要的樣子，就得把舊城除
掉才能成功。「除舊和布新一樣重要。」

　　從恪守教義者的意識形態（不管是政治性或宗教性的意識形
態）角度看，過去具有顛覆和難駕馭的特質。在麥加舊照片裡，

它是個迷宮般的城市，庭院、清真寺和小巷分布於小山丘上，不同時期和不同影響密集呈現於一處。如今，這一複雜的過去僅存少許，而它們能倖存至今，不是因為運氣好，就是因為太顯眼而無法拆掉。就連伊斯蘭世界最重要的清真寺「麥加大清真寺」都受到攻擊。沙烏地阿拉伯對舊建築的敵視帶有濃厚的派性色彩，把矛頭對準過去在麥加城以不同方式實踐伊斯蘭者所留下的實體證據。阿巴斯王朝的哈里發政權和後來鄂圖曼人哈里發政權和帝國所留下的長久痕跡已幾乎全遭抹去，過去幾年，大清真寺東側的古阿巴斯區和古鄂圖曼區都遭拆除。

麥加鐘樓飯店的網站，持續其無意間發散出的弔詭作風，挑出在興建此飯店所帶來的那種破壞之後仍倖存的幾座建築，作為遊客「必看」的景點。於是，該網站鼓勵遊客前去參觀薩卡夫宮（Qasr as-Saqqaf），推崇它是「麥加最老的建築之一和傳統建築設計的理想代表」。另一個必看的景點是霍札姆宮（Qasr Khozam Palace），「建於八十多年前」，堪稱現代麥加城的早期歷史遺產。

但任何倖存的舊物，都令想要完全控制麥加的恪守教義人士惱火。為沙烏地阿拉伯的急速破舊行動辯護者聲稱，此行動完全出於宗教考量。沙國的最高宗教權威，阿卜杜勒・阿濟茲・本・巴茲（Abdul-Aziz bin Baz）謝赫[1]，於一九九四年發布一伊斯蘭教令：「不得尊崇建築和歷史遺址……這類作為會產生多神教。」這位謝赫在重述一則兩百多年前烙在這塊土地上的符咒。瓦哈比教派（沙烏地王朝所屬的伊斯蘭教派）於一八〇三年控制麥加和麥地那。他們從一開始就決意拆除與其他較古老、較不恪

守教義的伊斯蘭教派有密切關係的具體可見之物。過去受鄂圖曼人維護且往往得到他們精心美化的陵墓和清真寺，包括先知穆罕默德本人的墓，成了他們的拆除目標。瓦哈比教派與鄂圖曼人為該尊崇或摧毀伊斯蘭教的實體遺產而起的爭執，隨著鄂圖曼人於一八四八至一八六〇年奪回麥加和麥地那，進入另一個階段。但到了十九世紀末，伊斯蘭教最神聖的這兩個地方，都已被這個把尊敬麥加的過去視為偶像崇拜行徑的教派所拿回並牢牢掌握在手裡。

摧毀舊麥加的同時，沙國下令禁止非穆斯林進入麥地那中心區和麥加城。這兩個作為都試圖清除麥加城歷史的複雜性。進入麥加的高速公路路標清楚寫著：「只有穆斯林可走」。將車輛帶離麥加城的一條岔道上，有標牌寫道「非穆斯林得走此道」。環顧世界，的確有許多禁止非信徒進入宗教聖地的規定，包括不准非摩門教徒和非印度教徒進入摩門教教堂和印度教神廟，至少在做禮拜和舉行儀式期間不准。但在麥加，禁止的對象為全球六分之五的人口，且不只禁止進入某建築，還禁止進入全城，禁令範圍之廣，舉世獨有。古蘭經有段經文道：「以物配主者只是污穢，故從今年起不准他們臨近禁寺（麥加大清真寺）。」這段經文只是禁止非穆斯林進入大清真寺，而未禁止他們進入麥加。禁入範圍廣達全城，乃是瓦哈比派沙烏地阿拉伯人的另一個創制。諷刺的是在瓦哈比教派拿下麥加之前，他們被統治該城的沙里夫（Sharif）視為異端，不得進入聖地。

但如果動機純粹出於宗教，為何世俗性和宗教性古建築都被列為拆除對象？值得一提的，共產主義政權也聲稱拆掉古建築

動機純粹出於意識形態，但如今看來，他們的作為其實與牟取權力和利益較有關係。麥加是個急速發展的城市，有源源不絕且有增無減的朝覲者湧入，而且朝覲者口袋裡滿是現金。沙法銀行（Banque Saudi Fransi）前首席經濟學家約翰‧史法基亞納基斯（John Sfakianakis）說：「所有一流品牌正湧入這裡。」星巴克、美體小鋪、Topshop、蒂芙妮、克萊兒飾品、卡蒂亞，只是諸多正獲益於此的品牌中的幾家。加諸麥加的破舊行動，正為消費主義的成長提供絕佳的環境。沒有東西阻止人花錢：在歷史遭抹除之前想必就存在於此地的那種較慢步調、較不狂熱、較多元的生活方式，蕩然無存。

　　摧毀舊麥加和禁止非穆斯林入城，使麥加城的過去和未來只能有單一形象。它們也使人懷念起那已失去的繽紛多樣。隨著舊麥加退離現實世界，它一如列寧格勒，成為幻想與評論之地。在麥加這樣的古城裡，過去的付諸闕如，而且是誰都必然注意到的付諸闕如，成為它自身的存在形態，既是無形之物，但也是永遠存在且重要之物，位在該城的故事中，絕無法完全抹除。

----

1 編按：阿拉伯語中的常見尊稱，意指「部落長老」、「伊斯蘭教教長」、「智慧的男子」等（通常是指超過四十歲的博學之人）。

突然出現的島嶼

新摩爾島
New Moore

21°37'00"N 89°08'30"E

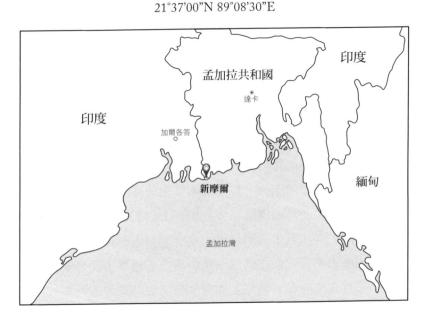

　　突如其來的暴風雨和洪水能在一夜之間使地理景觀改觀。新摩爾島於一九七一年熱帶氣旋包拉（Cyclone Bhola）登陸肆虐後，出現於距岸數公里的孟加拉海灣裡。形成恒河三角洲之遼闊瓣狀景觀的諸多河流，挾帶大量泥、沙、石出海，堆出這座新島。這座島成長快速，最後長達三點五公里，寬達三公里。乾季時有少數孟加拉漁民住在這島上，但其他時候無人居住。除了一叢紅樹林，幾乎沒別的植物可把新摩爾島固定住。它的大小和形狀隨

季節和潮汐而變。

　　新摩爾島選擇的落腳位置可說再敏感不過，因為該島位於哈里亞邦加河（Hariabhanga River）河口外，而該河是印度與孟加拉的界河。它一在海上形成，兩國即都宣告該島為其所有，各替它取了名字。印度人把它叫做新摩爾島，如今仍是使用最普遍的名字，孟加拉人則叫他南塔爾帕提島（South Talpatti）。不管叫什麼名字，它都是上門的大肥肉。印度和孟加拉對孟加拉灣和該灣石油、天然氣蘊藏的主權聲索有重疊之處。能把距岸如此遠的新島據為己有，將能擴大本國領海，從而將擁有更多有利可圖的海床。

　　印度邊境保安部隊於一九七八年在該島立了一個告示板，附上印度地圖和印度國旗照，藉此表明其對該島的主權。一九八一年五月，印度在該島短暫駐軍，在旗杆上掛起國旗，使情勢再度升溫。一時之間，為了這個沙質小島究屬何國的問題，似乎就要引爆一場嚴重衝突。但兩國都希望由獨立的邊界事務專家來解決僵局。那些專家肩負一重任，即查明哈里亞邦加河的河水如何繞過該島。如果這一深奧的資訊能標定出該河的「河流谷底線」（thalweg），就能一舉解決這爭議。thalweg 是德語，用於涉及河川的邊界爭執中，指河流的谷底線，從而是河流的中流線。如果河流谷底線位在該島東邊，該島就是印度的；如果在西邊，該島就歸孟加拉。

　　結果，河流谷底線難以斷定，問題就此擱著。但問題還沒解決，新摩爾島就開始消失，二○一○年三月完全沒入水裡。在最後一張此島照片上，樹泡在水中，最高處的樹枝貼著水面。

　　海平面上升，以超乎政府所能因應的速度創造出新海岸線。孟加拉灣海面原本就在上升，二〇〇〇年起上升速度更是越來越快。如今，孟加拉灣一年上升約五公釐。在易瞬間遭水淹沒的低窪地區，這一上升幅度很可觀。對某些人來說，新摩爾島猶如大自然所導致而由氣候變遷予以解決的政治難題。《基督教科學箴言報》（*The Christian Science Monitor*）以「全球暖化締造和平」為標題報導這件事。事實上，不管是新摩爾島的冒出還是消失，要從中抽離出自然力的部分，並不是那麼容易。只有一項助力因素可簡單歸入「自然力」的範疇，那就是某個地殼構造板塊的下沉。這一下沉作用使孟加灣底下和周邊的土地越來越低，海平面隨之越來越高。

　　而氣候變遷使情況變糟而非變好。它不只是加快創造、毀滅周期的元凶，還是晚近洪災加劇的禍首。降雨量增加使河水暴漲，進而創造出新摩爾島，而降雨量增加肇因於氣候變遷導致的海水升溫。上游處闢建道路也是創造出新摩爾島的推手，因為此舉造成山崩，使河川沉積物大增。令人遺憾的，這整個地區的森林砍伐，尤其是砍掉沿海的紅樹林，使新沉積物未能沉降於海岸線，協助守護海岸，反倒被帶到遠離海岸的海裡。

　　孟加拉灣裡出現又消失的島，不只新摩爾島。在靠印度那一側，至少另有四座島嶼出現又消失。其中之一的羅哈恰拉島（Lohachara）於二〇〇六年沒入水裡之前有六千位居民。晚近，它被發現又冒出海面。這些島嶼的出現和消失似乎並非一次性的。它們的起落變得更頻繁，而且在世上其他河口也出現這一現象。其中一個極著名的新島，在熱帶氣旋克勞斯（Cyclone

Klaus）襲擊法國西南部後，於二○○九年一月在法國出現。它位於吉龍德（Gironde）河口，距岸約十一公里處，而不久後被命名為「神祕島」（l'île mystérieuse），低潮時面積二百五十英畝，由和新摩爾島一樣的許多過程所沉積而成。比斯開灣的海平面上升速度沒孟加拉灣快，而且可喜的是，神祕島可能會比新摩爾島存在更久，因為形成於低地海岸外的新島有時很有用。它們的環境價值不在於擊退他國的領土聲索，而在於保護沿海地區，使不受暴風雨、淹水之苦。它們也能為人口過多的國家提供額外的土地。在海岸線變化加快且變得更難預料的世界裡，我們該協助保住這類新露出的島嶼。我們可以將新摩爾島加高、加大，種紅樹林將它穩住。這工程不會太昂貴，至少比起用人力建造全新島嶼（見〈漂浮的馬爾地夫〉一節）來說是如此。

事實已表明，海平面上升並未預示度假小島的誕生，而是代表得辛苦保護地勢低窪的陸地。根據現行趨勢預測，孟加拉灣許多地方，從西邊的科爾卡塔（Kolkata）到東邊的緬甸，不久後會沒入水裡。跨政府氣候變遷小組（Intergovernmental Panel on Climate Change）的初步預測示警，到了二○五○年孟加拉會失去約17％的國土。更晚近時，達卡的環境與地理資訊服務中心（Centre for Environmental and Geographica Information Services）的研究指出，這塊陸地的許多地方不會長久消失，而是只在季風期間消失。不管會是哪種情況，在如今每小時就有十一人因水位上升失去家園的孟加拉，這是個日益嚴峻的問題。

新摩爾島所代表的，遠不只是領海紛爭，而是大自然發出的一個大力的催促，要人以更主動積極的作為保住沿海島嶼。孟

加拉人生活在以三角洲為主的國家裡，習慣於島嶼的來來去去，而且他們有本事保住它們。另一個晚近出現的新島，就可說明此點。沉默島（Nijhum Dwip）出現於一九五〇年代初期，島上許多地方常被水淹沒，但如今整個島已穩定並得到鞏固，而這主要得歸功於紅樹林的種植。如今有一萬多人和許多鹿、猴、水鳥住在那裡。二〇〇一年，它被劃為國家公園。

　　只要施予援手，新摩爾島之類的新島能成為獨立生存的地方。沒錯，我們不確定造陸活動的速度會不會快於海水上升速度；悲觀的預測顯示，對許多沿海地區來說，長遠來看，唯一的解決辦法是棄地。但眼前沒理由往山上跑，反倒得擴大對在地保育工作的認知。二十一世紀的保育工作，不只要保護物種和生態系，還要造島。沒必要任由島嶼沒入水裡；島嶼是可以管理並維持的。靠人力之助，新摩爾島能再度冒出水面。

封存三百年前的紐約

時間地景
Time Landscape

40°43'37"N 73°59'58"W

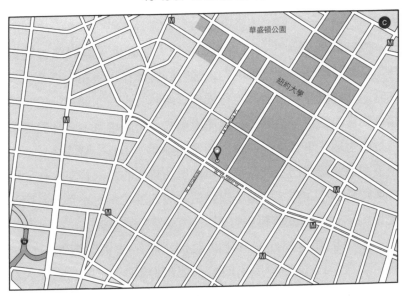

　　在紐約市拉瓜迪亞廣場（LaGuardia Place）和西休士頓街（W. Houston Street）的轉角，有塊長方形土地，有圍籬圍住，不開放民眾進入，自一九七八年起就轉交給大自然經營。藝術家亞蘭・松費斯特（Alan Sonfist）在這塊四分之一英畝的土地上，栽種了該區域的原生植物紅刺柏、黑櫻桃、金鏤梅，以及地被植物五葉地錦、美洲商陸、馬利筋，都是十七世紀前在紐約市裡會找到的植物。

　　「時間地景」是體現松費斯特理念的第一件大工程。他在一九六八年所發表的「以自然現象為公共紀念碑」（Natural Phenomena as Public Monuments）宣言中，呼籲為環境建立等同於戰爭紀念碑的東西。這類地方將成為已消失之地景的紀念碑，成為紀錄並提醒世人「河、泉、自然露頭等自然現象之起滅」的反思之地。

　　「時間地景」的設計用意，在於「提醒世人該城市曾是森林」。對於他個人，它則具有更強烈的提醒作用。在晚近某次受訪時，松費斯特坦承他的工作大半「始於我走在布朗克斯區，目睹森林被毀的童年之時。」但完成後的「時間地景」，卻對捍衛自然的失地一事帶來一些難以回答的疑問。因為「時間地景」不斷遭到番薯屬植物、苦苣菜之類後殖民時代的外來野草入侵。松費斯特說他不在意，主張「這是個開放的實驗室，不是個封閉的地景」，他本來就想讓那裡成為諸物種互動的場域。

　　但如果真是如此，「時間地景」就是個相當空洞的紀念碑。它之所以不同於紐約市裡其他任何綠地，正因為它在人心裡喚起過去。目前管理此地的紐約市公園與休閒處，比創造出這片綠地的松費斯特更在意外來野草，這並不足為奇。每隔一段時間，就有人來清光這些入侵物種。該處有所謂的「綠街」（Greenstreets）計畫，旨在將「街道上被混凝土覆蓋的區域，例如三角地和分隔帶，轉化為綠色草地」，而「時間地景」已成為這一計畫裡一個雖然低調但獨一無二的資產。他們想把「時間地景」當成藝術品來保存，因此它已成為另一種保存對象，成為又一個欲止住時間腐化的作為。

「除去時間地景的野草」一事，代表著它被當成過去的藝術品來維護。不做除草的工作，它的時間方向的判定會難上許多：會較不清楚它究竟是指向過去還是未來。批評者說「時間地景」已遭「博物館化」，它已是個死寂之地，對公眾沒什麼益處。事實上，它層層的保存措施已使它變得更為複雜，更令人困惑。「時間地景」變得更怪，因為如今它讓我們碰上一令人不安的弔詭現象：我們想方設法尊敬自然之時，自然從我們指間溜走，因而我們握在手中的是我們始料未及的、不自然的東西。

在紐約市，人把自然切除，再來哀悼自然的失去，把它殺掉再讓它死而復活，卻把它如埋在墓中一般關在一圍起的區塊裡，那裡生長的花木則如擺在墓碑上的花束。在「時間地景」如墓地般死寂的土地上大肆生長的野草遭拔除，塞進大垃圾袋裡，進而焚毀。它們構成自己的紀念碑，卻一再被人拔走燒掉，那是我們對自然的報復所施予的報復。經過細心維護而尚存人間的自然遺物還是缺少生氣，儘管它們已讓「時間地景」成為既紀念已逝自然、且紀念過去藝術的紀念碑，還是無法在人心裡喚起豐饒或有意義的過去。

「時間地景」追求純粹的作風，不只重現於無數公園和花園裡，也重現於那種在城市裡頗獲青睞的環境藝術或地景藝術裡。不少地景藝術在大片自然景觀裡創造出令人迷茫的地方：在錯亂的巨石間穿行的筆直鋪石小徑，或在偏遠的湖泊處往湖中伸進的螺旋狀防波堤。但對於在城市裡工作的藝術家來說，那種讓鋪了水泥的街道與純粹的自然相對抗的衝動，似乎無法抗拒。除了「時間地景」，在紐約市所能見到最著名的這類作品是「麥田：

一種對抗」（Wheatfield – A Confrontation）。它占地兩英畝，位在曼哈頓下城區，原是空地，一九八二年艾格妮絲・德內斯（Agnes Denes）在這裡種上小麥。它的政治意涵多過「時間地景」。這塊肥沃的田地和其所生產的一千磅小麥，象徵華爾街「搞錯輕重緩急」所導致的飢餓。但黃澄澄的穀物和簡單的道德意旨，也意在反襯這個城市的腐敗和墮落。這也是個因自然變得純粹的地方。

德尼斯的「麥田」很快就收割，存世時間不夠久，因而未捲進有關土地使用的棘手爭辯中或不致顯得過時。「時間地景」的遭遇則不同。《村聲》週報（Village Voice）報導，隨著當地某社區聯盟的會長，在「這位藝術家聽力所及的範圍裡」宣布「迎接新事物的時刻已到來」，「時間地景是八〇年代藝術品」，除草清理日的氣氛變得有些彆扭。過去二十年，對人類墮落前之生態藝術的追求的確已式微，而對野草叢生之都市衰敗景象的著迷則已蔚然成風（見〈西西里未竟考古公園〉一節）。約翰・派翠克（John Patrick）以「荒廢景象的耽溺」為題寫了篇很有影響力的文章，文中把這一風潮稱作「底特律風」（Detroitism），因為對藝術家和攝影家來說，底特律市已成為「都市廢墟的麥加」。

「時間地景」和底特律風殊途而同歸，都展現對都市文明的憂心：沒有自然，人如何活？沒有自然，人會變成什麼樣，或人能佯稱自己變成什麼樣？松費斯特從未聲稱找到答案，「時間地景」的走向老早就非他所能控制。如今它不只是混亂且弔詭，還暗暗傳達了對已失去之自然——就位在最亮麗、最單調之都市景觀底下的自然——心中之懊悔。

曾是一片海洋的荒漠

阿拉爾庫姆沙漠
Aralqum Desert

44°45'37"N 62°09'27"E

　　阿拉爾庫姆沙漠太新、太大且輪廓太變化不定，因而未標示在地圖上。這個沙漠，原來的名字是「鹹海」（Aral Sea），但新名字阿拉爾庫姆（Aralqum）越來越受喜愛。新名字或許乍聽之下有點怪，但其實也還好，qum 是烏茲別克語，意為「沙」。

　　以「自然地理」為標題的地圖，在和「政治地理」的地圖相比較時，通常被視為較冷靜客觀。我們一貫認為後一類地圖需要不時更新，而地球的地形地貌則是改變緩慢甚至亙古不變的。我

們對「自然地方」的喜愛，有一部分建立在以下信念上：它們自立且古老，而與我們脆弱的聚落和多變的邊界不同。這觀念已過時（也見〈新摩爾島〉一節），且助長「自然體系總是應付得了改變」和「一組動植物滅絕時另一組新的動植物會欣然遷入」的看法。阿拉爾庫姆是個自然地方，是空無人居的沙漠，但也是個不自然的地方，告訴世人有機物的適應已跟不上人類衝擊的腳步。

它也是個令人想起過往就心生惆悵的地方。鹹海曾非常遼闊。它曾是世上第四大湖，長四百二十六公里，寬二百八十四公里。如今，凡是伸出手指在中亞地圖上摸索的學童，都仍會找到它，然後停住手指，驚嘆在距海如此遠的內陸怎會形成這麼一大塊藍色區域。它曾被稱作藍海，一八五〇年首度被畫入地圖。不久，鹹海就為數支漁船隊和一些新村落提供生計，二十世紀中期時，它周邊已有十九個村子和兩個大鎮，北邊的阿拉爾斯克（Aralsk）和南邊的穆伊納克（Muynak）。如今，這兩個鎮的海港距水許多哩遠。

曾有兩條河注入鹹海，一條是中亞最長河之一的阿姆河（Amu Darya），一條是注入鹹海北岸的錫爾河（Syr Darya）。阿姆河往北流經二千四百公里，最後形成一個有多個島嶼的三角洲。兩條河為鹹海注入大量的高山淡水。蘇聯的計畫人員很快就看出可引這兩條河的河水灌溉棉花田和小麥田。一九三〇年代起，他們開鑿巨大水道，將阿姆河和錫爾河水引去灌溉數百萬英畝的肥沃土地。蘇聯著名的沙漠化專家阿加揚・巴巴耶夫（Agajan Babaev），在一九八七年為蘇聯某經濟學雜誌所寫的文章中解釋道：「比起保住鹹海，讓它乾涸遠更有益。」更讓人

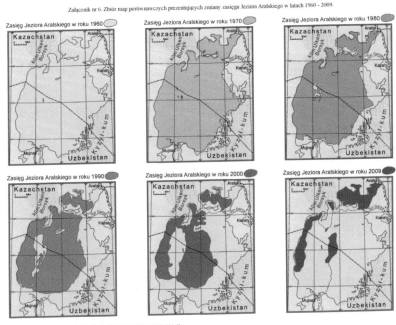

一九六〇年至二〇〇九年間鹹海範圍的變化。
© Nayenn (Maciej Zieliński), WIKIMEDIA COMMONS

睜目結舌的，他斷定「許多科學家，包括我，深信這座海的消失不會影響該地區的景觀。」鹹海的死亡不只被預見到，還被人積極促成。

　　一九六〇年代鹹海開始萎縮時，引水灌溉未停，一九八〇年引走的河水量達到最高峰。沒有河川挹注淡水，鹹海中許多越來越低淺的水塘，鹹度幾乎和大洋一樣。遍布塵沙、光禿禿一片的新景觀出現。隨風吹送過來的污染物，使這個區域成為世上最不適人居的地區之一，嬰兒死亡率伴隨呼吸道疾病而陡升。鹹海的

萎縮也影響了氣候。如此大面積的水域長久以來使陸地於冬天時較溫暖，夏天時較涼爽。隨著它的消失，出現了更為極端、破壞力更強的在地化氣象系統。

　　自一九六〇年迄今，鹹海已縮水八成多，水量減少達九成。在晚近的地圖上，鹹海的面積和形狀變化甚大：有時以縮水、破碎化的樣貌出現在地圖上，頗為切合事實，但如今也仍常可看到它以未縮水且完整一塊的樣貌出現在地圖上。既然棉花生產仍是哈薩克、烏茲別克境內的首要經濟活動，且在可預見的未來沒有讓鹹海復原的可能，因此該是把鹹海從地圖上拿掉，插進「阿拉爾庫姆沙漠」的時候。

　　如今，吹過荒瘠平原的勁風，迎面撲向每位走訪鹹海者。乾涸的海床上到處是白色的海貝殼和已被人取走有用之物的廢船遺骸；一塊脫去水分、無邊無際的土地。阿拉爾庫姆沙漠周邊，有著已廢棄的城鎮、棄置的水產加工廠、生鏽的修船場。巴爾薩克爾梅斯（Barsa-Kelmes，哈薩克語意為「不歸之地」）曾是鹹海的最大島，也曾是個自然保留區，以鵰、鹿、狼棲息其上而著稱。如今，它只是另一塊殘存的死寂之地。一九九三年時，除了一位不願離開的居民和一些頑固的野驢，島上荒無人煙。曾是自然保留區管理員的瓦倫廷‧斯庫羅茨基（Valentin Skurotskii）死守這座島，似乎是因為母親葬在那裡。一九九八年，他的屍體被人發現，死時坐在椅上，頭埋在雙手裡。

　　在哈薩克和烏茲別克，人們已不想再聽有關鹹海的悲慘故事和壞消息。過去二十年，該地區有關鹹海的報導，大半鎖定在北部所謂「小鹹海」的築壩和「重生」。此舉暗示鹹海其他區域應

乾涸後的鹹海，照片左方曾為海岸。
©Upyernoz, WIKIMEDIA COMMONS

任其化為沙地。新建的堤壩把錫爾河水留在「小鹹海」裡，從而使該河河水無法流到更南邊。二○○八年，哈薩克總統努爾蘇爾坦‧納札巴耶夫站在阿拉爾斯克附近的新壩上，宣布有朝一日海水會回到該鎮的港口裡。拜新壩和閘門之賜，他的期望有可能成真。「小鹹海」水位已上升，鹹度也變淡。但相較於「大鹹海」的消失，這勝利微不足道。

　　阿拉爾庫姆沙漠不只是個遼闊的新沙漠，還是個巨大的實驗、世上最大規模的人為原生演替例子。原生演替（primary succession）意指植物在原本毫無植被的土地上的生命發展。典型的例子是敘爾特塞島（Surtsey）之類的火山島。一九六三年

在冰島南方約三十公里處的大西洋海面上，冒出這座島。兩年後有人發現島上第一株植物，如今島上大半地方為苔蘚、地衣、禾草、乃至灌叢所覆蓋。這是個自然過程，但使這過程變得較難預料的，乃是人力所造成的部分。近來，大部分原生演替例子為人所造成，與火山活動或冰川毫無關係。它們發生於核試爆導致死亡景觀之後，或被人在礦渣堆頂上、戰場遺址上或城市裡龜裂的柏油碎石路面和鋪砌的石頭路面裡發現。

這些植物似乎是非常強悍的入侵者，因而人想當然爾地認為假以時日，綠色世界必會重生並接管。阿拉爾庫姆沙漠還處於初期階段，但從目前它的情況來看，似乎與上述認定背道而馳。含鹽、塵沙漫天且往往有毒的海床，使新生命在該地很難存活。有支來自比勒費爾德大學（University of Beilefeld）的團隊，研究過在該地落腳且為數不多的植物。他們和其他專家一同預測道，只有人類介入，種植不只能抗鹽且能經受住乾海床之極端氣溫和強風的植物，這片沙漠才有可能綠意盎然。但阿拉爾庫姆沙漠七成是鹽漠。要把它轉化為生機盎然之地，將是一項所費不貲、長期抗戰且大概吃力不討好的工作。阿拉爾庫姆沙漠似乎在告訴我們，自然應付不了，至少短期內應付不了。人所造成的問題，只能由人來解決，但目前為止那似乎是人所無力解決的。我們已習於把自然地視為能受保護並培育的地方，但鹹海的故事表明一艱鉅的挑戰：不只要劃設保育區，更要大規模重建生態系和景觀。

在這同時，這個新沙漠正透露它的祕密。這個區域乾燥無水似乎並非頭一遭。在舊海床上，哈薩克獵人發現中世紀陵墓殘跡和人骨、陶器、磨石。衛星照片也透露蜿蜒穿過此沙漠的中世紀

水道。當地傳說鹹海曾是陸地，而這些發現正證實此說。這座沙漠的出現，使該地區的民間傳說增添了新內容。如今，當地老者期盼第二次淹沒，以讓「藍海」重回他們懷抱。

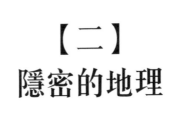

【二】
隱密的地理

Hidden Geographies

這些未現身於地圖上的地方，
告訴我們地理大發現或許尚未結束……

城市底下的祕密世界

迷宮
The Labyrinth

44°56'14"N 93°12'03"W

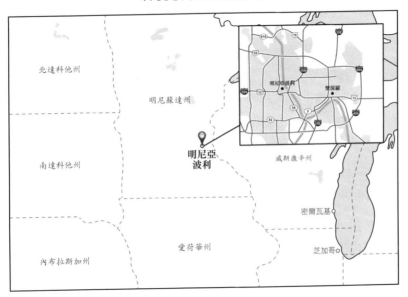

　　在現今這個很容易以為世上每個地方都已被人充分認識並徹底標示在地圖上的世界裡,未出現在地圖上的地方都令人好奇,引人遐想。不去打擾那少數幾個仍未被外界「接觸」過的聚落(北森蒂內爾島)會是明智之舉,但仍有許多種隱密的地理暗示著地理大發現的時代可能尚未結束。熱列茲諾戈爾斯克(Zheleznogorsk)之類的封閉城市和卡帕多細亞(Cappadocia)的地下城市之類的地下城,以及對現有景觀出人意料的運用(馬

尼拉北墓地），要我們以新的視角觀看尋常街道。其他動物所創造出的移動模式（狐穴），以及城市裡閉鎖的地下區域（迷宮），為既遠又近的那些特殊地方，提供更為切近的描繪。

城市探索始於二〇〇〇年代初期。我是在我十六歲的侄子告訴我他在廢棄的精神病院裡待了一晚時，首次認識到那是目前的主流。他把照片給我看：空蕩蕩病房裡，滿是剝落的灰泥和倒立的暖氣裝置，幾個青少年在他們於牆上所畫的怪物前咧嘴而笑拍照。我沒問他為何這麼做：我已知道緣故。十年前我協助創辦了一份雜誌，以人稱「心理地理學」的實驗性地理漫遊和迷向為宗旨。我們把雜誌取名《踰矩：城市探索日誌》（*Transgression: A Journal of Urban Exploration*）。雜誌只發行了四期，刊登了許多由前衛地理學家所寫而刻意令人迷惑的文章。這群人把城市探索當成某種地理學版的超現實主義自動書寫（automatic writing）[1]，且因這份認知而成為志同道合的一群。我們在現實世界的冒險，幾無異於只是在為我們的詮釋性文章提供依據，而那些詮釋性文章通常附有以情境主義者和魔幻馬克思主義者的著作為主的參考書目。對我來說，直到我侄子之類的人開始出門，宣稱城市裡隱密的地方為他們所有，我才開始理解，與目的較明確的冒險（以進入在平凡世界裡和其底下被禁止進入和見不到的空間為目標的地理任務）相比較時，隨興的遊蕩，雖然同在戶外，有時卻似乎是安全無害的。

如今，這類城市探索，大體上來講，不是為了藝術而做，或與政治無關，而是出於對發現的熱愛。網路上充斥著現代都市探索方面的留言版，在那裡能找到來自數十個城市裡之團體的報

告。數千個大都會裡的「哥倫布」正在建立新傳說。最知名的遊玩地點裡，包括巴黎的地下墓地和地下採石場、倫敦已廢棄的地下車站、紐約和柏林已廢棄的工廠和大使館，但都市探索者的遊牧精神繼續在發掘新的可能，繼續更為大膽地走進地圖上的空白區域。這一熱潮正蓬勃發展，而它開始受害於內部分裂和領土糾紛一事，正反映了它的蓬勃發展。至少，那些發現城市裡不為人知之地方的人，有一些人喜歡認為他們所發現之地為他們所獨有，或至少認為只有旅行同好可進入那些地方。

本文主要在談位於明尼蘇達州的明尼亞波利─聖保羅（Minneapolis-St Paul）都會區底下的祕密世界，都市冒險家稱之為「迷宮」（Labyrinth）。「迷宮」由許多地道、洞穴體系構成，「行動隊」（Action Squad）則體會到「迷宮」探索的刺激快感。「行動隊」指的是明尼亞波利─聖保羅這座「雙城」的一群探索者，善於地下探險[2]。他們試過許多路上的人孔之後，找到進入這傳說中之體系的入口，從而在最後發現七個相連的地道體系和無數個人造洞穴、已拆除之建築的地下房間。一如其他任何先驅者團體，「行動隊」自得於他們是發現這失落世界的第一人，在他們的網站上指出那個世界裡「幾乎完全沒有塗鴉，原因就在於除了真心矢志於探索者，沒人到得了入口。」

「迷宮」探索並不輕鬆，但它既予人刺激快感，又予人突破的成就感，因而讓人欲罷不能。「我們用奶油刀和其他原始工具，花了數小時挖掘地道穿過堅實砂岩，以繞過擋在我們探索之路上的障礙。」有位隊員在「行動隊」網站首頁上憶道：「我們已驚叫過數十種大同小異的『太扯了！』，因為我們在以為已經找透

透之後仍找到棒透了的探索地。我們真是愛死那個地方。」

「行動隊」的執著和他們所發現之地的精彩絕倫，把其他冒險家也引來「迷宮」。以卡爾格里（Calgary）為基地的探索者 KAOS，描述他二〇〇七年走訪此城市的經歷，其中正可說明都市探索型的觀光活動和對都市探索的崇敬：「我得去『迷宮』走走。我非常清楚那些故事，」KAOS 在加拿大某都市探索網站上寫道，還說，「對我來說，那就像走進都市探索的原始神話裡。」他在嚮導帶領下參觀了「迷宮」的一些必遊之地，即天然洞穴和河下通道，然後心裡滿是對「首開此先河者」的崇敬之情，那些人「不知道這些地道通往何處，可能卡在某處動彈不得或導致塌陷。那得有過人的膽識。」

在第一波都市探索熱潮中發現的隱密之地，有許多已是行家所非常熟悉，有關從何處和如何穿過它們的知識越來越系統化。從只有一些不怕苦的人所從事的活動，轉變為數千人所喜愛的休閒活動，令那些希望「迷宮」之類地方不被外界污染的人深感遺憾。大學地質學家葛雷格・布里克（Greg Brick），也是這一體系的探索先驅之一。他在其當地手冊《地下雙城》（*Subterranean Twin Cities*）中，指出這一活動如何從一些「執著之人」的投入開始，變成熱門活動：「結果可想而知：原本寧靜、未受侵犯的地下場所慘遭蹂躪。」布里克抨擊那些很會上網的「點擊小鬼」毀了雙城不為人知的世界，且做出令雙城探索界公憤的舉動：在海因利希啤酒廠洞穴（Heinrich Brewery Caves）這個重要地點的入口裝上鎖。

「我認為那根本是 —— 請原諒我的粗俗 —— 卑劣到極點

（a dick move），」「行動隊」隊員傑勒米‧克蘭斯（Jeremy Krans）抱怨道。「那不是他的地方。我們沒有人把東西鎖起來不讓別人進去。」克蘭斯是在接受雙城某雜誌的記者採訪時說了上述的話，採訪內容刊登在以「洞穴戰爭」為題的報導文章中。由於「行動隊」聲稱布里克為《地下雙城》剽竊了他們的任務，這篇文章更增殺傷力。布里克否認這一指控，一場激烈的法律糾紛隨之爆發，從而為這群原本無憂無慮地擅自進入他人土地者帶來預想不到的挑戰。他們的活動一旦變得廣為人知且規則化，活動的本質似乎就改變了。遵循路線找到別人的地方，由於那些路線和地方非法且危險，這仍可能是冒險行徑，但是否屬於探索行徑，就比較難說。

　　隨著城市探索活動變多，這類棘手問題很可能變得更明顯。對於大部分從事城市探索的人來說，此活動的用意在於尋常城市中發現不尋常事物的刺激快感，但太著重於原創性和「當第一」，失去了這一初衷。把這主題帶上地理學學術期刊的牛津大學地理學講師布萊德利‧加勒特（Bradley Garrett）解釋道，它的核心價值來自「對情感自由的渴求，對無中介之表達的需求」，以及「童年遊戲的聯想」。二〇一二年，加勒特坐而言更起而行，在倫敦的碎片大廈（Shard）完工前一個月，爬上該大廈的外牆。

　　布蘭登‧施密特靈（Brandon Schmittling）對城市探索提出另一個解釋。他是「華府求生」（Survive DC）的創辦人，「華府求生」則是一種以華府全市為範圍的成人版鬼捉人遊戲。「我認為人都喜歡認為外面還有尚未被人發現的東西，」他告訴《新聞周刊》，還說城市探索促使人「流露出對這城市的恐懼」。

　　城市探索者的另一個特色，乃是他們對他們所發現原本乏人問津之地的喜愛。他們常把自己說成一身破爛的亡命之徒，但他們對他們所發現之地卻是關懷備至。他們研究並忠實描述他們所發現之地，力求鉅細靡遺，並抱著令人不快但由衷的敬意。與其說他們是龐克「哥倫布」，或許不如說他們是都市的亞歷山大‧馮‧洪堡[3] 來得貼切。他們收集並校勘零碎資訊，以讓人覺得其中存有發展可能，以標舉以下事實：俗世之中和俗世之下含有遠比我們先前所認為多上許多的通道和樂趣。

---

1 一種心靈能力，指書寫者在非出自自我意識下寫出某些書面內容。

2 可參照此組織網站 http://www.actionsquad.org/index.html

3 Alexander von Humboldts (1769-1859)，著名德國自然科學家、自然地理學家、近代氣候學、植物地理學、地球物理學的創始人之一。

自絕於外界的祕密小鎮

熱列茲諾戈爾斯克

Zheleznogorsk

56°15'00"N 93°32'00"E

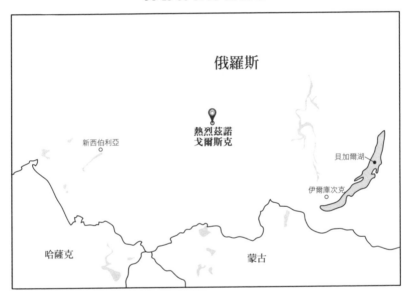

二〇一〇年四月，兩位身穿實驗室白大褂的科學家，在熱列茲諾戈爾斯克一地某核子反應爐的控制棒頂上擺上花。熱列茲諾戈爾斯克鎮位於莫斯科東邊約三千五百公里處，一九五〇年為了製造核武器而創立。有四十七年時間，這座反應爐一直在這個未見於官方紀錄且與外界隔絕的城鎮裡製造武器級的「鈽」。獻花儀式代表一個時代的結束，可能也是熱列茲諾戈爾斯克的結束，因為該鎮九萬個居民幾乎全靠這個反應爐為生。

　　熱列茲諾戈爾斯克採棋盤狀布局，有寬闊的林蔭大道，散發平靜嚴肅且堅毅的氣氛。它曾是個保密城鎮，未見於蘇聯地圖上，如今仍不見於許多地圖上。自創立以來，它大半時間連名字都沒有，只以「克拉斯諾雅爾斯克 26」（Krasnoyarsk-26）這個郵政信箱號碼存在。克拉斯諾雅爾斯克是附近最大的城市，距該鎮約六十公里。直到一九九二年，該鎮的存在才被官方證實。該年，俄羅斯總統葉爾欽下令保密城鎮終於可以露臉。

　　但如今熱列茲諾戈爾斯克仍然封閉，進入規定甚嚴。凡是欲邀外人前來作客者，都得向安全部門和原子能部申請，連當地居民都得得到許可才能自由來去。令人驚訝的是熱列茲諾戈爾斯克仍然封閉，乃是因為鎮民喜歡這樣。一九九六年，他們投票決定繼續與外界隔絕。熱列茲諾戈爾斯克的故事，就從這裡開始與我們對在威權體制內保密地裡的生活的成見背道而馳。封閉地和保密城鎮的存在，切合蘇聯共產主義的多疑心態，但在後共產主義時代，為何城鎮決定與外界隔絕，還出於別的理由。那不只是為了保持絕密身分，還為了保住某種生活風格。

　　封閉的城鎮曾是蘇聯境內經費最充足、最受尊崇的聚居地，有待遇優厚的工作吸引來欲出人頭地的技術人員和科學家。它們曾是眾人所嚮往的地方。熱列茲諾戈爾斯克寧靜、整潔的特質和其大公園、湖畔環境與森林、山丘，乃是它的居民想保住的東西。他們已見到俄國其他地方「開放」後的遭遇，不想走同樣的路。在熱列茲諾戈爾斯克，懷念蘇聯的氣氛非常濃：它是蘇聯一直以來承諾給予其國民的那種地方。「熱列茲諾戈爾斯克：地球上的最後樂園」（Zheleznogorsk: Last Paradise on Earth）網站雖

流於溢美，卻似乎無嘲諷之意。該地作家羅曼・松采夫（Roman Solntsev）說該鎮的魅力，在於「絕妙的放鬆、平靜、平和之感」。然後，松采夫指出該鎮「與煤炱遍地且嘈雜的工業中心和大城形成鮮明對比」。

目前，共有約四十個「封閉的行政地域組織」（closed administrative-territorial formation），住了一百三十萬名衷心擁抱可能在外界看來為強加之物的俄羅斯人，熱列茲諾戈爾斯克就是其中之一。有位曾在另一個封閉城鎮——郵政信箱編號庫茲涅茨克 12（Kuznetsk-12）住過的人，在某聊天室裡貼文說明為何儘管他住在美國，仍每年帶他的女兒回家鄉：「那是地球上絕無僅有的地方。在那裡，我的小孩能體驗到盡情探索一小鎮、獨立自主、在自然中暢快行走的感覺，而且不必擔心會發生什麼不測，因為人人相識。」

前身為阿爾札馬斯 16（Arzamas-16）的薩羅夫鎮（Sarov），人口為九萬兩千人，目前仍是重要的核導彈研發中心，且也致力於限制外人進入。它於一九四六年從地圖上消失，但如今仍透過當地居民的決心，而非透過莫斯科的命令，保持封閉狀態。以導覽城區為業的斯維特拉娜・羅布措娃（Svetlana Rubtsova）向俄羅斯記者解釋道，「身為封閉城市的一部分，讓人覺得舒服、安心，這個城市的人全是你的家人。」薩羅夫鎮，一如其他一些封閉城市，也是俄羅斯族群的飛地，因為它座落在族群混居且有分離主義傾向的摩爾多維亞（Mordovia）地區。薩羅夫居民季米特里・斯拉德科夫（Dmitry Sladkov）說，藉由維持封閉狀態，「我們使它免於陷入混亂」。斯拉德科夫是本科出身的都市計畫

師，一九九二年和家人從莫斯科搬來，以避開吞噬首都的動亂。

在想要繁榮的城市似乎都得宣稱對世界開放的時代裡，封閉之地可能讓人覺得短視、遁世。但斯拉德科夫想和家人逃離開放城市之「混亂」的心態，並非俄羅斯人獨有的心情。建造封閉的聚落一事，並非只見於俄羅斯。隨著全球各地的現代城市變得越來越無法預料且碎裂，財力夠的人不是搬出城市到村落，把村落打造為城市飛地，就是在城市裡打造設有城門的安全棲身之所。如果不把熱列茲諾戈爾斯克稱作「封閉城市」，而稱作築有城門的聚落，它頓時就比較不像是歷史的餘緒，而比較像是對都市猜忌與消費者選擇的非常當代性的反映。

但生活在築有城門的聚落裡仍有其問題。在熱列茲諾戈爾斯克這個需要得到安全部門審查通過才能進入的城市，外來訪客沒什麼事可做。城裡的商家似乎就只有城市中心的「祖國戲院」和一家餐廳。「在封閉城市很難開業做生意，」當地一居民向《俄羅斯報》（*Russian Gazette*）表示。「需要經過多個關卡同意，因此不划算。」要出門開心一晚，她得開車到約六十公里外的克拉斯諾雅爾斯克。

這個城市如何生存？它的經濟命脈「鈽生產」已經停擺，但熱列茲諾戈爾斯克已懂得用多種方式改造自己，有其他多種製造業看中該市百分之百不受外界打擾的特性前來設廠。熱列茲諾戈爾斯克如今培養出多種高科技且「敏感」的產業。俄羅斯的衛星有四分之三造於該市，包括俄羅斯所有 GPS 衛星。以色列、印尼、烏克蘭、哈薩克都購買熱列茲諾戈爾斯克製造的衛星。這個城市正迎來的另一個利基，乃是核廢料貯存。當地正在建一地下

實驗室，以查明周邊山丘能埋藏多少核廢料。在其他地方，這種工程會引發爭議，但在熱列茲諾戈爾斯克，已懂得不去質疑當權者作為的當地人溫順心態，有利於這類工程的進行：九萬居民中，只有五十人費心去翻看核廢料貯存計畫的申請詳情。

　　熱列茲諾戈爾斯克已從共產主義封閉城市順利轉變為資本主義封閉城市。它寬闊的大街或許像蘇聯的舞台布景，但這是個較不著墨於過去，而較著眼於當今公司與當今公民所要求之高度隱私與安全的地方。

足以容納三萬人的地下城市

卡帕多細亞的地下城
The Underground Cities of Cappadocia

38°22'25"N 34°44'07"E

　　有一段時期，人類的居住史似乎是往上攀高的歷史：把自己弄出陰暗的洞穴，把自己擺在離地越來越高的地方。現代人夢寐以求的房子是大廈頂端的空中別墅，而非地洞。這種往上飛的雄心，當然要鋪設數不勝數的地下管線才能如願，但為得到陽光照拂的地面居民服務的轟轟作響地下鐵和有著奇怪照明的廊道、通風孔，長久以來被視為大都會的白癡雙胞胎，有用但不討人喜歡。

　　如今，這條鮮明的分界正在崩解，因為地下的魅力太強。

核子末日隱然逼近時，唯一安全之地似乎是地下，而當我們用盡擁擠的上部空間時，我們往下挖。安全之地在地下，在那裡，我們能躲掉千瘡百孔、令人害怕之地表的污染和混亂，能在氣候變化之時控制氣溫。從荷蘭到中國，都在推動建造地下城的新計畫。阿姆斯特丹地下基金會（Amsterdam Underground Foundation）聲稱，大眾如今「欣然接受身處地下所感受到的神祕氣息」。這是個發人深省的看法，因為那間接表示我們往地下跑，不純粹出於解決地面問題的實用考量或為了避開惡劣天氣，還因為別的因素：地下的某樣東西，把我們吸引下去的東西。

　　地下城可想而知不易在地圖上找到。傳統地圖精於呈現地表特徵，但不易把多層的城市呈現在人的眼前。被埋沒的地方為何遭忽視、遺忘、數年後才重被發現，這是原因之一。土耳其東部卡帕多細亞（Cappadocia）地區仍在挖掘的古地下城，就是一例。有些當地專家深信，可能有三十至三百處等待發掘。這數字可能包含洞穴隱修院和鑿岩村落的廢墟，但該地區的地下都市遺產，我們很可能只看到其中一小部分。我們所知的最大地下城，德林庫尤（Derinkuyu），一九六五年被人發現，如今仍只挖掘出局部。當地某居民拆掉他洞穴屋的後牆時，無意中發現此地下城。牆壁垮掉，露出另一間房間，進此房間又可進到另一間，再到另一間。德林庫尤已曝光的區域為上下共八層的諸多地下房間，足以容納三萬人。它有榨葡萄、榨油的車間、馬廄、餐廳區，還有位於較上層的居住區。從第三層有道樓梯往下通到地窖、貯藏室和一座教堂。教堂位於最下層，鑿成十字形。德林庫尤也有數公里長的人造地道，其中一條往北綿延約十公里，通往

名叫凱馬克利（Kaymakli）的另一個更大的地下城。

地上的建築以一個支持性的結構為核心來設計，把空氣的存在視為理所當然，而未將通風納入考量。卡帕多細亞的地下城把那個模式上下顛倒，一如挖掘者的作業順序，得先挖掘通風管道，然後從這些管道往外施工，開鑿房間和廊道、馬廄、睡覺區。

在地下城的地名裡，我們找到為何建造它們的線索：土耳其語「德林庫尤」意為「深井」，過去被稱作馬拉戈比亞（Malagobia），而馬拉戈比亞來自意為「生存困難」的希臘語。西元前一世紀，羅馬建築師維特魯威（Vitruvius）認為，卡帕多細亞的岩屋始建於約五百年前，建造者是佛里吉亞人（Phrygian）。維特魯威寫道，佛里吉亞人生活在「木材奇缺的地方」，因此他們「選擇利用天然小丘，將小丘鑿空作為棲身之所。」覆蓋該地區的硬化火山灰，即所謂的凝灰岩，質地穩定且易開鑿。但當地洞居習性是誰開創，仍未有定論。著名的德國考古學家海因利希・施利曼（Heinrich Schliemann）支持維特魯威的觀點，但其他考古學家認為是比佛里吉亞人還早約一千年的西台人。不管是佛里吉亞人，還是西台人，這兩個上古民族都不可能是德林庫尤或凱馬克利的建造者，因為這兩個地下城是基督徒於八世紀起所開鑿。當時，卡帕多細亞是拜占庭帝國法紀蕩然的邊疆區，立足該地許久的基督徒居民苦於時遭入侵和搶劫。為因應這些威脅，當地基督徒發揮該地區既有的建築傳統，打造出足以安置整個社群的地下聚落。

德林庫尤和凱馬克利建造時都著眼於防禦，入口小，每一層可用厚重石門封住。此外，眾多通風管開向地面的開口，都得到

卡帕多細亞地區的穴居情景。
© Brocken Inaglory, WIKIMEDIA COMMONS

充分的偽裝。最下面幾層裡也有數個貯水器和水井,意味著居民可長時間待在地下。人能一直待在地下多久,這疑問尚未解開。大部分權威人士認為,應該把地下城看成暫時的避難所,空間足夠容納牲畜和幾乎其他所有搬得走的東西,但只在地面不安全時才住進去。

穴居習慣顯然根深柢固,因為當地居民如今仍靠它過活。德林庫尤的外圍房間和上層房間,緊貼德林庫尤鎮地表,長久以來充當貯藏區或馬廄。古德林庫尤的入口,有許多位在民宅內,仍有人透過該地下城的古通風管從底下汲水。地下營造傳統如今仍盛行於卡帕多細亞地區,二十世紀時該省各地建造了大型地下貯

藏所存放蔬菜和水果。土耳其的檸檬和馬鈴薯，春秋季時大部分存放在這些涼爽的洞穴裡。

當代這些重現地下營造傳統的作為，訴說了該傳統的賡續不絕，但地下城的存在也傳達了較令人不舒服的信息。它們象徵了在後來成為純穆斯林國家的那個地區裡，一段遭埋沒的宗教多元歷史。過去五百年，卡帕多細亞的基督徒人口驟減。土耳其境內碩果僅存的一批為數不少的基督徒，受迫於一九二三年的土耳其、希臘兩國族群交換行動，逃離土國。如今，土國境內位於地表的基督徒村落，幾乎全從地圖上抹除掉。只有少數幾個地方保留了基督徒在土國城居兩千年的歷史，包含這些位在地下的空蕩蕩房間。

這類地方讓人想起遭到壓抑但未完全湮沒的那段過去。如今，越來越多土耳其本國和外國觀光客，慕名前來參觀古基督徒建造的這些迷宮。這些迷宮代表了土耳其本國史裡受壓抑的一段歷史，這也稍稍說明了它們為何成為觀光景點。但地下城的「神祕氣息」肯定也受到承認。下到陰暗的地下時，我們覺得隱約瞥見真正古老的東西。那是種沿著頸子而下的刺痛，奇怪又令人困惑的想往深處去的衝動。那既是個人的旅程，又是凡是身為人皆能有所感的旅程，帶人返回文明前、乃至人類出現以前之時代。麥可‧穆爾考克（Michael Moorcock）在小說《倫敦母親》（*Mother London*）和彼得‧艾克羅伊德（Peter Ackroyd）在《地下倫敦》（*London Under*）中，都提出理由說明為何地下令人心生恐懼與欲求，是具有多種可能的陰暗之地。「在地下著作裡，一切都是真的，」艾克羅伊德如此寫道，然後思索自一九四〇年

十二月二十九、三十日夜納粹空襲倫敦造成大火之後即住在倫敦地道裡的穴居族。隨著卡帕多細亞的地下城越來越像是當前潮流的古代實例，隨著地下變成更為實用、更常被使用的地方，我們將得開始去談我們對遭埋沒之景觀的期望和幻想。開發商思索地下房地產時，卡帕多細亞也提醒他們，只有真正膽怯的人才選擇住在地下。

城市不只是人類獨有

狐穴
Fox Den

54°58'54"N 1°35'21"W

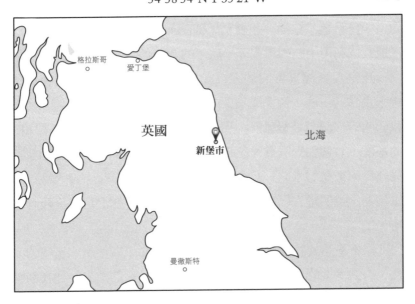

　　其他動物已在我們人類的棲息地裡，創造出他們自己的家和
小徑。偶爾我看到城市狐狸時，很想跟著牠，看牠往哪裡去。在
我家後面的小巷裡，我看過一隻小狐狸，有人告訴我牠大概住在
（英格蘭）新堡市（Newcastle）植被蔓生的希頓公園（Heaton
Park）西緣的杜鵑、冬青灌叢裡。有天我弓身鑽過樹叢，前方不
遠處就是帕克維爾（Parkville）街邊那些大宅的後圍籬。我碰上
一些垃圾袋和一件腐朽的枝條編兒童床。巢穴很可能就貼著圍籬

而築或從其中某個濃密灌叢底下挖掘而成。

在鄉村，狐狸喜歡在樹林、田地裡休息，耗掉白日時光。只有雌狐會回牠們的巢穴，通常是為了生產和照顧幼狐。牠們對於築巢穴的地點一點也不挑剔，現成的獾穴是他們最愛的地點。但都市狐狸習性不同。占地二十二英畝的希頓公園裡沒有獾，公園內主要是林地，穿插著運動場，因此，住在這公園裡的狐狸得自己挖穴或利用中空的樹或棚子底下的空間做窩。

凡是狐狸都喜歡窩的入口能照到陽光，牠們也偏愛輕質、排水良好的土壤，偏愛闢築數個緊急出口。這一切意味著，如果我面前的那個洞是個狐穴，那就不是個很理想的狐穴。在某棵樹的基部，有個約一呎寬、陰暗且有扒過痕跡的洞口，但我能看到洞裡泛出微微的水光。我蹲下來，伸手進去，結果手浸入冷冷的水窪裡。這個巢穴已被冬雨淹沒，巢裡的狐狸想必已另覓棲身之所。

沒多少事比找到動物的巢穴更讓人興奮，即使巢穴是空的亦然。看到落地的鳥巢，誰不想撿起來，掂掂它的重量，往裡面瞧瞧，摸摸它鋪了草葉供睡覺的中心處？即使我們意在毀掉巢穴，胡蜂對其窩的精心照料和蟻窩細密的地道仍吸引我們定睛細看。其令人著迷之處，不只在於這些地方的精細複雜，還在於牠們不知疲累為何物的精力。我在公園邊陲不為人知之處尋找狐穴時，最初像在尋找脆弱且罕見的某樣東西，但如果我們不再往大地猛倒混凝土和柏油，我們所稱之為家園的那些地方，不久後就全會遭到其他動物悄然地殖民。對一個愛地的物種來說，眼睜睜看著自己的地被侵占，轉為其他物種的地盤，乃是普遍藏於人心的幻

想。那是既駭人又讓人著迷的可能情景。在《被淹沒的世界》（*The Drowned World*）中，巴拉德（J.G. Ballard）主張，在人腦最深、最古老的部位裡，存有對這種淹沒的原始欲望，且這一欲望建立在對生命同源演化的遺傳記憶上。巴拉德的論點和生物學家愛德華‧威爾森（Edward O. Wilson）的以下觀點若合符節：人天生就是「愛生物者」（biophile），經由演化發展出對生物堅定的愛。我要補充道，我們對自然之報復的神祕幻想，也可視為我們打壓自然之舉的副產品。其他物種可能哪天重返其地盤的想法，在我們腦海裡揮之不去，乃是因為我們一再打壓牠們。

就在我們堅稱城市是我們人類所獨有之時，我們想與其他物種共享城市。都市狐出沒一事，令我們既驚且喜。牠們自一九三〇年代起就住英國的城市裡，且族群密度已高達每平方公里五個家族群。曾有多年時間，大家以為都市狐是英國獨有的現象。但一九七〇年代，遠至奧斯陸、奧胡斯（Århus）、斯圖加特、多倫多、札幌這些城市，都開始有它們的蹤影。追蹤牠們的野生動物生態學家發現，鄉村狐和都市狐已變得明顯不同，某份調查更發現，這兩種狐狸「幾乎未曾越過城市與周邊草地、森林的分界。」另一位研究人員發現「都市種群與鄉村種群之間的基因流動變少」。都市狐也有不同於鄉村狐的日常食物，其與人類和所處環境的關係自成一體。針對生態學家所謂都市狐的「白天棲身處」（daytime harbourage），已有至少兩項重大的研究計畫。一項始於一九七七年，在倫敦執行，追蹤了三百七十八隻狐狸。其中將近六成棲居於「花園、棚子、地窖、房子」，其他則被發現於污水處理站、建築工地、空地和公園裡。墓地和鐵路也很受

青睞。令人驚訝的，被牠們絆倒的人不多。

　　另一項研究以墨爾本為範圍，時間晚於前者，發現牠們偏愛「叢生的外來野草」。澳洲專家推斷，除去這些「外來野草」會「有助於降低都市狐的數量」。在澳洲，狐狸常被視為有害的外來物種。有些學院派生態研究似乎傾向於這方向：找出棲地全是為了找到阻止動物擴散的更佳辦法。在歐陸，最近的都市狐研究，緣於有人發現牠們有時帶有名叫泡型包蟲病（Alveolar echinococcosis，又稱小狐縧蟲）的寄生蟲。它是能傳人的傳染病，一旦染上會導致大型囊腫，得靠化療才能治癒。蘇黎士大學寄生物學研究所已證明，施放能驅除這種寄生蟲的餌來處理這個問題，更有效且效果更持久，但小狐縧蟲擴散的威脅，將會給那些想計畫性消滅都市狐的人有力的理由。但處理都市狐問題有最久經驗的英國人已斷定，撲殺牠們根本徒勞無功。當地政府部門已放棄那一所費不貲的行動，並發現狐居群很快就達到讓狐狸與大部分人類能相安無事的平衡狀態。

　　我從那塊陰暗的樹林抽身，但倒退出灌木林並不易。髒水從我手上滴落，我有點覺得受騙。都市狐或許分布甚廣，但牠們已很懂得如何消失於城市裡，因此牠們真的出現時，往往令人大吃一驚。那天早上我讀到，倫敦的營造工人在英國最高建築碎片大廈未完工的第七十二層樓上，發現一隻拿他們留下的三明治填肚子的未成年狐狸。他們決定把牠帶到河濱動物中心，然後該中心的人放走牠，讓牠回到城市裡。此舉傳達了另一種生態學觀點：與狐共享城市偶爾並非易事，卻也是無可避免。放走那隻狐狸也代表了對一更大觀念的承認：戀地情結（topophilia）和愛生物

性（biophilia）是相輔相成；或者換個方式說，認同城市是多物
種環境的觀念，充實、活化我們對地方的感覺，且令人意想不到
的，使我們對地方的感覺具有人性，從而有益於我們。

與死人共居的活人

馬尼拉北墓地
North Cemetery, Manila

14°37'53"N 120°59'20"E

誰比較出名，活人還是死人？我們的街道、城鎮、建築、國家，大部分是死人所打造，帶有他們的名字。活人反像鬼魂般於他們的王國裡行走。在活人總被神話化為充滿衝勁、能改造所有能觸及之物並予以徹底改變的這個時代，這是個令人不舒服的情況。我們的自尊和潛藏於我們心中的虛無縹緲之感之間有著落差，就是這一不相稱，這一不安，大大說明了我們為何害怕死人。我們痛恨死人對我們的掌控，痛恨他們不費吹灰之力就把我們貶

為影子般虛幻的東西。

欲擺脫這一妒忌死人之感，辦法之一是與他們合住一地。如果他們給我們機會進入他們的長眠之地，我們就不會再害怕他們。今人可從這一安排中獲益良多，因為那能大大減少恐懼之感，大大增加住房供給空間。於是，我們來到菲律賓首都馬尼拉這個人口稠密的巨型城市的北墓地。北墓地代表新一類的都市環境——「長期有人居住」的墓地，有三千至六千個活人住在那裡，其中許多人住在堂皇的家族墓裡面和周邊。城市租金高昂使墓地的免費空間受到窮人青睞，但這裡要談的不只是窮困，還要談活人與死人之空間關係的重新調整。

由於全球人口的成長和在鄉村討生活越來越難，全球各地的城市都越來越大，擠越來越多人。隨著需求增加，房租高得超乎許多一般人所能負擔。住進墓地是解決這難題的辦法之一。在美國或歐洲，這種事比較不常見，但仍然有。我曾有個同事在諾森伯蘭郡某墓地裡住野營車住了幾年。如果找對宿營地，墓地是能讓人近乎免費居住的少數地點之一。但在一般人眼中，他的居住地選擇仍很古怪。

得往東方走，才能找到以墓地為家的聚落。從印度、巴基斯坦、車臣和更晚近的利比亞，有許多以墓地為家的報導。在利比亞，將近兩百戶人家搬進的黎波里的古拉巴（Al-Ghuraba）墓地。一如許多以墓地為家者，他們很窮，沒其他地方可去。但最著名且肯定規模最大的有人居住墓地，開羅的「死人城」（City of the Dead），證明這些地方有時遠不只是窮途潦倒者的棲身之處。假以時日，它們能發展為繁榮、多元的經濟體。在構成「死

人城」的五處墓地上，有約五萬人住在墓裡，另有五十萬人住在墓與墓間搭起的房子裡。如果這裡的墓地像墓碑林立的英格蘭墓地那樣，不可能冒出這麼大的聚落。在英國，堂皇大墓很罕見，有錢的豪門巨室才會蓋這種墓，其他人則是立塊小小墓碑了事。但埃及墓地從不只為死人而設計。照禮制，送葬者，特別是女性親屬，得和死者同住四十天。因此家族墓蓋成一建築群，有另蓋的數間房間和一處庭院。埃及也有把墓地視為生者與死者團聚之地的古老傳統。事實上，把「死人城」視為又一塊都市區域，比較切合實情。它有自己的數間店鋪、數間學校、一間附設婦科的診所，且供應電和自來水。「死人城」於一九五〇年代開始有人常住，因此目前該地區已繁衍出數代人，而且他們往往三代合住一間墳墓。義大利人類學家安娜・托齊・迪・馬可（Anna Tozzi di Marco），在「死人城」做過調查並居住，駁斥該地是窮途潦倒者之地的說法。在她筆下，那是個有自己的階級結構的地方，城中之城，在那裡人能免繳房租順利過上都市生活。

「死人城」是個五臟俱全的市中心郊區。相對的，馬尼拉的北墓地規模較小且較專門化。一如「死人城」，它也於一九五〇年代開始有人入住，也有墓室供人棲身，但那些墓室遠不如開羅某些墳墓那麼堂皇。這座馬尼拉墓地經過六十年的發展，如今也有自己的一些居住區，其中幾個居住區向來和外面的貧民區一樣破落，但無疑較那些貧民區安全。它也有生活便利設施，例如幾個迷你市場、一家餐館和運動設施。電是從墓地外私接進來。但「死人城」似乎與埃及文化毫無扞格之處且以埃及文化為基礎發展，相對的，北墓地是個遠更具開創性、遠更打破陳規的地方。

馬尼拉北墓地的入口。
© RioHondo, WIKIMEDIA COMMONS

開羅自伊斯蘭時代之前以迄伊斯蘭時代，都有著與死者同住長期守喪的傳統，而天主教馬尼拉沒有這樣的傳統，因此，北墓地的居民自視為逾期未走者和本不該屬於該地者。他們不遺餘力為墓地的日常活動貢獻心力，照料家族墓，接下抬棺和封墓之類的工作。十一月一、二日為「亡靈日」，有許多菲律賓人前來掃墓，這時他們很識趣地住到別的地方，以免妨礙掃墓者。墓地居民的行事，像個封閉的守衛群體，與生者和死者都發展出儘管相當緊張但可敬的關係。

有位名叫巴比・希梅內斯（Bobby Jimenez）的居民向特約

記者基特·吉列特（Kit Gillet）解釋道：「我們偶爾出去牆外，到街上隨意逛逛，但大部分時候待在牆內。」他接著描述了北墓地裡生活的朝不保夕：「有時會有警察前來突擊檢查，因此得到墳墓主人家的許可很重要。如果手上有那戶人家給你的紙或契據，表明你有權待在那裡，那就沒事。」克萊兒·文圖拉（Clare Ventura）在該墓地出生且在該墓地養大她的三個小孩，而就連像她這樣的人都說：「我經過一番思量，才喜歡上住在這裡。」「這是能讓我有機會賺點錢的地方，」她在美國的全國公共廣播電台上受訪時如此表示。「習慣了它，而且在這裡比在外面大部分地方安全得多。」其他的墓居人，例如博耶特·札帕塔（Boyet Zapata）抱怨道，剛死之人不安分的靈魂可能干擾他們的生活，附上他們的身。

但墓地居民已和往生者達成以互敬和相互照顧為基礎的協議：他們照護死者長眠之地，死者靈魂則大體上不打擾他們作為回報。近些年，讓北墓地居民不堪其擾的不是死者，而是湧入墓地擅自占地者，包括酗酒者和毒癮者。這些闖入者濫用墳墓，向送葬者騷擾要錢，打斷葬禮。要使北墓地成為讓生者和死者共蒙其利之地需要特別的耐心，而他們的行徑磨滅了那種耐心。這些不受歡迎分子的湧入，也激使市府當局揚言肅清墓地上的所有居民。對數代以來細心照料這個地方的人來說，若被趕出到充滿敵意的世界，將是天理何在。但即使這事真的發生，他們和其他像他們的人會很快就找到辦法回來。都市裡房租仍然居高不下，對許多人來說，與死者合住一地乃是在這城市活下去的少數可行辦法之一。

從未與外界接觸的原住民們

北森蒂內爾島
North Sentinel Island

11°33'20"N 92°14'77"E

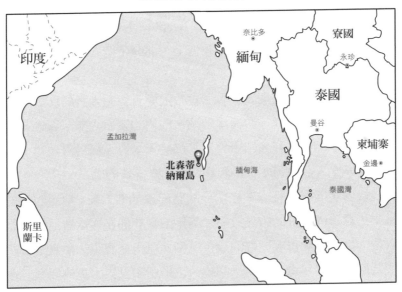

> 「估計超過五十個野人，帶著各種自製武器，正在製
> 作兩或三艘木船。我擔心他們會在日落時強行登上我
> 們的船。所有船員性命堪慮。」

　　一九八一年八月五日，香港 Regent Shipping 船務公司收到
這則無線電呼救。呼救者是商船「櫻草號」（Primrose），一艘
經孟加拉灣前往澳洲的貨船。這艘船撞上珊瑚礁，這時擱淺在距

濃密森林約一百公尺處。「櫻草號」所擱淺的海岸，位於一座很特別的島，因為它是世上唯一一座只住了「未與外界接觸過」之原住民的島。他們為數約一百人，語言、宗教、習俗仍不詳。外界稱他們森蒂內爾人（Sentinelese），住在八公里寬的圓島上。在印度東邊約一千兩百公里處，有劃為印度聯邦屬地的安達曼—尼科巴群島（Andaman and Nicobar Islands），該群島的三百六十一座島呈項鍊狀分布在海上，北森蒂內爾島就是其中之一。

「櫻草號」船長理該擔心。森蒂內爾人對闖入者的反應，通常是弓箭齊發。但這一次海水洶湧，他們的獨木舟無法靠近，他們未裝羽毛的箭射程僅四十公尺，都落入水裡。經過漫長的一星期後，三十三名船員才被民間直昇機救離落難的船。

從安達曼群島裡有親緣關係的諸部族抽取 DNA 檢測的結果指出，森蒂內爾人的祖先於約六萬年前從非洲移居這些島嶼。北森蒂內爾島是一古老族群的最後堡壘。這座島沒有天然良港，四周為礁石和終年洶湧的海水圍繞。它是座和世界對抗的要塞。多年來所有試圖接近此島者，都遭遇同等強烈的敵意。一九七四年，有位影片導演在海灘上擺放精心挑選過的禮物（罐子、平底鍋和玩具各數個，加一隻活的小豬），想討島民歡心，結果大腿中了一箭。但一九八〇年代和一九九〇年代初期，印度當局開始用心爭取這些島民歸附。人類學家和當地官員定期登上海岸，且每次都帶著禮物。經過多次帶有疑慮且失敗的努力後，終於有了突破性進展。一九九一年一月八日，安達曼報紙《每日電報》頭版宣告「與森蒂內爾人第一次友善地進行了接觸」。這則報導說，

官員一如往常把禮物（這一次是一袋椰子）留在岸上，退回他們的摩托汽艇後，看到森蒂內爾人出森林拿走椰子。這則頭版新聞的重點是這一次他們出來時未帶武器。當天下午，印度人再到岸上，發現超過二十四名土著等著他們。有人觀察到一件深富意味的小事：一名少婦走到一名對著外地人彎弓搭箭的年輕男子身旁，伸手按下他的箭。那名男子隨之將他的武器埋進沙裡。官員之一的部落福祉司長欣喜於這一進展，決定把許多椰子丟向聚集的土著以茲慶祝，然後土著似乎欣然接受這一贈禮。印度人類學家潘迪特（T.N. Pandit）是唯一有資格宣稱對森蒂內爾人有所瞭解的人，儘管那瞭解仍嫌膚淺。他於一九九三年向一記者解釋道：「他們或許沒有首領，但森蒂內爾人顯然作出了友善對待我們的決定。我們仍不清楚如何或為何這樣。」

這一初萌的關係未能持久。一九九六年，赴北森蒂內爾島的行動停擺，自那之後，未再打擾那些島民。隔年，與「主安達曼島」（Main Andaman）上另一個未曾與外界接觸且一度對外人懷有敵意的部族賈拉瓦人（Jarawa）打交道的不愉快經驗，使印度更加堅定執行其不接觸政策。「賈拉瓦危機」始於一九九七年晚期，當時賈拉瓦人受鼓勵走出他們與世隔絕的森林，卻「赤身裸體」走進村子且「偷東西」，令當地人大為反感。他們也因此深受性剝削與麻疹之害，如今麻疹成了可能使這整個部族滅絕的威脅。與賈拉瓦人「接觸」，令政府當局大為頭痛，深怕此事重演。

原住民權利慈善機構「存活」（Survive）的會長史蒂芬・科里（Stephen Corry）於二〇〇七年估計，「世上大體上未與

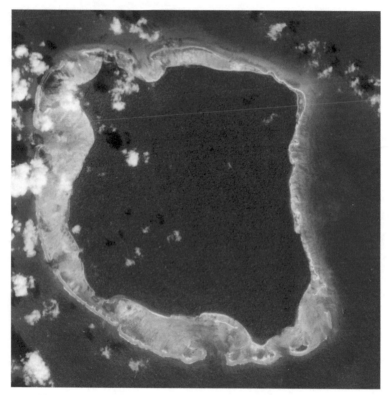

NASA以Earth Observing-1（EO-1）號衛星所攝之北森蒂內爾島空照圖。攝於二〇〇九年十一月二十日。
© NASA, WIKIMEDIA COMMONS

外界接觸的部族」有一百零七個。但他又說：「他們仍不與外界往來，乃是因為他們選擇如此，而且有充分理由。」世人一想到隱密的部族，通常就會想起亞馬遜雨林，但世上已知未與外界接觸的族群，將近一半位在印尼的西巴布亞（West Papua），其

中許多族群是為逃離或躲避來自印尼的軍隊和移民而不與外界接觸。印尼把西巴布亞當成殖民地一般。對這些隱密的部族來說，與外界接觸的結果，最好的情況下是文化腐敗，但另一個很可能的結果乃是死於疾病和攻擊。再一個可能的下場，則是成為觀光客獵奇的對象。「花錢第一次接觸」，乃是愛冒險的觀光客在西巴布亞所能選擇的度假行程之一。參加此行程的觀光客被帶進叢林深處，常獲准與「未與外界接觸者」和「絕對原始的文化」不受限制的接觸。二〇〇六年，英國廣播公司訪問某位「第一次接觸」旅行團的團長，他趁此機會推銷自己並將此類活動合理化。他說，每個人都該「有權看看這類人」。鑑於過去悲慘的接觸史，那是個荒唐的權利。沒人知道森蒂內爾人是否知道安達曼群島的其他原住民族的存在或那些民族的遭遇。如今，這類族群只占人口的百分之一。許多已滅絕部族的族名，構成一系列已消失的聲音：Aka-Bea、Akar-Bale、A-Pucikwar、Aka-Kol、Aka-Kede、Oko-Juwoi、Aka-Jeru、Aka-Kora、Aka-Cari、Aka-Bo。

　　二〇〇六年，森蒂內爾人殺害了兩個漁民，此事再度點出他們不喜歡外人的事實。桑德・拉吉和潘迪特・提瓦里在近海處下錨，但夜裡他們的敞蓬小船錨鏈斷掉，船漂上岸。清晨時其他漁民隔海向他們大喊，想叫醒他們，但沒有回應（後來的報導說他們「大概醉了」）。也有謠傳說那天更晚時兩個漁民被吃了，但印度一架在該海岸上空懸停的海岸防衛隊直昇機，揭露了較不聳動的實情。直昇機旋翼葉片刮起的強風，使淺埋的兩人屍體露出來。發現此事之時，森蒂內爾人朝直昇機射箭，因而未能拾回屍

體。後來，安達曼群島的警察首長聲稱：「一旦這些部族移到該島另一頭，我們會偷偷上岸，拿回屍體。」但目前為止，他們的遺體仍在北森蒂內爾島上。

殺害這兩個無辜之人竟逍遙法外？為何大家，一如這兩人的親人，那麼清楚認識到，起訴部族成員並非正義之舉？北森蒂內爾島不是我們現代世界的一部分，它對我們只有一個要求，即別打擾它。事實表明，一九九○年在安達曼首府發布的一份帶著說教口吻的政府文件《安達曼—尼科巴群島原始部族福祉一九九一～二○二一年主計畫》（*the Master Plan 1991-2021 for Welfare of Primitive Tribes of Andaman and Nicobar Islands*），的確頗有先見之明。它斷言「森蒂內爾人不需要現代文明的澤被」，還說「如果他們真需要什麼，那就是別打擾。」《主計畫》提出保持距離方針：「現代人有什麼權利干預森蒂內爾人完全與世隔絕的部落生活？有什麼權利片面要求強烈反對現代人之『友誼』的森蒂內爾人接受那『友誼』？」

因此，不再送「禮物」，不准再給玩具和椰子，只有偶爾隔著《主計畫》所謂的「可敬的距離，比如離岸五十公尺」的觀察。這一作法迄今已執行約十五年。任何人都不得靠近。總有一天，森蒂內爾人所知道和看重的東西，幾乎樣樣都會消失，一如其他每個曾經「未與外界接觸」的族群所知道和看重的東西那樣。但眼下，北森蒂內爾島是他們的，他們所獨有。

【三】
無主之地

No Man's Lands

不屬於任何人的地方，
讓我們想起自己是何等依賴秩序、篤定的感覺。

不受國家拘束的空間

邊境站之間（幾內亞與塞內加爾）

Between Border Posts (Guinea and Senegal)

12°40'26"N 13°33'32"W（邊境點）

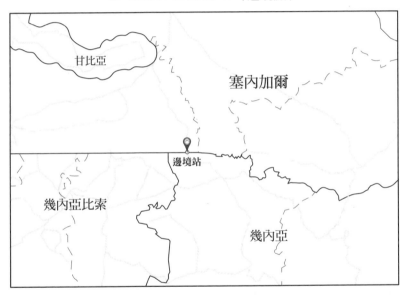

　　在無主之地，平凡無奇的地方也變得很特別。這類介於兩者之間的地方，讓我們想起我們是何等倚賴邊界：我們心中那股有秩序、篤定的感覺，源於認識到我們身在受管轄的領土內。儘管無主之地的不確定性，在外界所不予承認的地方（特瓦伊爾・阿布・賈瓦爾），或在似乎位於邊界之間的地方（納瓦特里克）特別強烈，無主之地也可能是大片未被聲索的土地（比爾泰維勒）或都市計畫所留下的零碎小地（安全島）。「邊界之間可能也存

在著空白」一說，引我踏上地理探尋之路。我出門尋找兩相鄰之
國的邊境站間可能的最遠距離，以探明邊界與邊界之間可拉得多
遠。

　　大部分邊境站相對而立。標誌的改變、不一樣的國旗、橫
畫過馬路的一條線都告訴你：一旦跨出某國，即進入別國。但如
果把邊界與邊界之間的空間拉得更開，會發生什麼事？幾年前，
我對著旅人網路論壇裡網友愛用的小字體文字眨著眼睛看了幾小
時後，找到了我要找的東西。在西非塞內加爾和幾內亞兩國之間
的一條馬路上，兩國邊境站相隔二十七公里。那不是世上唯一
的細長邊境區。從南非往上到多山王國賴索托的薩尼山道（Sani
Pass），最為知名。這條路崎嶇難行，但在山道最高處附近有座
非洲最高的酒館，因而常有欲前往該酒館的觀光客乘四輪傳動車
走這條山路。得知這裡是「無主之地」後所予人的刺激快感，更
添這趟路程的魅力。設有「歡迎進入南非」標牌的南非邊境管制
站，距賴索托的邊境站五點六公里。在中國、吉爾吉斯之間圖魯
噶爾特山口（Torugart Pass）上兩邊境站之間的山區，也是另
一個例子。中美洲也有個很好的例子。該地區的帕索卡諾阿斯鎮
（Paso Canoas），橫跨巴拿馬、哥斯大黎加兩國國境。它常被
說成是「無主之地」，因為穿過一邊境站之後，不必經過移民局
檢查就進入另一個國家，但還在同一個鎮裡。有些遊客很喜歡置
身在邊界之外的城區那種感覺。部分因為這點，帕索卡諾阿斯已
發展出神祕的狂歡作樂氣氛，好似它是某種逃避之地或妾身未明
之地。

　　這些介於兩邊界之間的地方反照於我們的，乃是我們的希

求；特別是跨出讓人喘不過氣之國家疆域框限的願望，即使只是跨出一會兒亦讓人心滿意足。我們大概已懷疑國界是個幻覺。在人龍裡緩緩前進，通過護照官員的檢查，不表示你在當下那一刻離開或進入一國。這類管制點的存在，乃是為了證明你獲准進入或離開。它們位在邊界線附近一事，在法律上無關緊要。但這一法律見解既未能掌握邊界點的象徵意義，也未能掌握欲進入未受管轄之領土的被壓抑念頭。帕索卡諾阿斯被巴拿馬、哥斯大黎加邊界一分為二，而非真的位在兩邊界之間，但這未使人因此不再稱它是個「逃避區」。同樣的，薩尼山道所行經的陡峻山谷幾乎全位在南非境內，而從塞內加爾下到幾內亞那條路始終在一國境內，但那不是旅人走那條路時所感受到的，或甚至不是他們想要的。

這些介於兩者之間的地方，其吸引力與它們位在陸上一事大有關係。在機場通過護照檢查處，未予人一樣的刺激快感，儘管國際機場比陸地上任何塵土飛揚的數公里地面，遠更像個不折不扣的「無主之地」（見〈國際空域〉一節）。在機場，似乎完全沒有逃離民族國家的感受。似乎有某種原始的吸引力，讓人想進入實實在在且似乎是完全未被哪方宣告為其所有的地方，能讓人行走其上、迷失其中，乃至讓人倚靠。

偶爾會取道塞內加爾—幾內亞公路的陸上觀光活動中，有一些將在「無主之地」露營列為行程的一部分。一如其他例子，它是個促使人思索忠誠與歸屬的區域。美國旅行作家麥特‧布朗（Matt Brown）在其〈兩國之間的生活〉（Life between two nations）一文中，描述了在塞內加爾—幾內亞公路上與村民相

遇，從而使他思索民族認同之本質一事：

> 我停下腳踏車，與正在搗葉的女人閒談。
> 我用法語問（我的普拉爾語還不足以做這樣的交談）：
> 「這裡是幾內亞？」
> 「對。」她答。
> 我很驚訝她竟懂法語，進一步追問：「這裡是塞內加爾？」
> 「對。」她答。

過了一會兒，布朗坐在「一顆無國籍的岩石」上，想像村民擺脫了「一百多年前貪婪的歐洲領袖在柏林會議上所劃下，過時且無意義的國界」。拉開邊境站與邊境站間的距離，的確讓人覺得打開了對國家單位的封印。因此造成的間隔地帶或許在法律上沒什麼重要性，但對陸上旅人來說，它創造出開放、可能之感。

旅人或許喜歡這樣的迷向，但對那些得在這類地方居住、工作的人來說，因此帶來的後果，比如較不安全、感覺遭遺棄，可能就沒那麼正面。非洲國家為何一直努力去彌合在這些不合常態的地方上的間隔，這是理由之一。支持全非洲大陸之經濟基礎設施工程的非洲發展基金（African Development Fund），已把在其會員國的「邊界上建立相鄰的檢查站」列為優先事項，包括在幾內亞、塞內加爾邊界上。該機構的會員國所最關心的事，乃是這些遙遠邊境站對貿易流動的衝擊。在幾內亞—塞內加爾路線上，有讓人大為憂心的以下傳聞：因為官員一再要求證明文件或

一再要求新的賄賂，車輛一下子被趕回去，一下子被放行。位於兩者之間的土地，很容易就會變成官員上下其手，讓旅人和當地人都特別容易受害於可厭、腐敗之官僚作風的地方。國與國「之間」的土地可被視為無拘無束之地，但也讓人想起為何人願意放棄自由以取得邊界內的秩序與安全。

被遺棄的土地

比爾泰維勒
Bir Tawil

21°52'N 33°41' E

世上會有地方讓人厭惡到沒人想據為己有，似乎讓人無法置信。但比爾泰維勒，這塊蘇丹與埃及之間占地超過兩千平方公里的不規則四邊形岩漠，就是這樣的地方。它不只是無主之地，還遭人主動唾棄。它似乎是地球上唯一既可居住且無人聲稱為其所有的地方。

比爾泰維勒的反常現象，開啟了看待世界史的新視角。這一視角下的歷史不是為占領土地而抗爭的歷史，反而像是以前後對

調方式寫成的歷史。申明對地方的所有權，乃是世上諸多敵意與認同的核心。不足為奇的，我們往往認為國家會想不斷成長；邊界，就和不替別人著想的鄰居所立的圍籬差不多，總是能往外推多遠就推多遠。但比爾泰維勒提醒我們，國家由其邊界來確立其範圍：並非有土地可取，就總是想據為己有；每一次的土地聲索背後，都必然還有許多拒絕與逃避將土地據為己有的作為。

對蘇丹和埃及來說，不想要這塊內陸地區的用意，在於此舉有助於聲索一塊更大、更有用的土地：一塊濱臨紅海、占地超過兩萬平方公里的哈拉伊卜三角區（Hala'ib Triangle）。兩國的領土爭端起因於埃及與過去所謂的英埃共管蘇丹（Anglo-Egyptian Sudan）兩地的邊界存在兩種版本。而這兩個版本的邊界都是治理該區域的英國人所畫。第一個版本來自一八九九年，長逾一千兩百公里，筆直橫越沙漠，是今日埃及所亟欲保留的邊界線。這條邊界線把比爾泰維勒給了蘇丹，但讓埃及保有在其旁邊有用的哈拉伊卜三角區。蘇丹人不接受這一邊界，指出一九〇二年所畫的另一條邊界。這條邊界大半筆直，但在接近海岸處，它開始改變走向，不只把尼羅河沿岸的一塊伸入河中的狹長陸地——瓦迪哈勒法突出部（Wadi Halfa Salient）——給了蘇丹，還讓蘇丹得以擁有哈拉伊卜三角區。一九〇二年地圖的繪製者把這兩塊地都給了蘇丹，因為英國人認為它們在族群上和地理上都與南邊密切相連，也根據同樣的道理，把邊界往南凹，把比爾泰維勒放在埃及境內。他們認為比爾泰維勒從族群角度看屬於北方，因為那裡是生活在埃及南部的遊牧民族阿巴卜達人（Ababda）放牧牲畜的地方。

一九〇二年的邊界有幾十年時間未受到嚴正質疑。但一九九〇年代初期，蘇丹將哈拉伊卜三角區的石油鑽探權給了某家公司，埃及憤而出兵占領該區域，聲稱有權捍衛一八九九年的邊界。蘇丹人則擺出不服姿態作為回應。二〇一〇年，有位蘇丹政府官員試圖進入哈拉伊卜三角區，似乎意在使當地居民參加蘇丹選舉的投票。如果這計畫成功，可能會使蘇丹對該地區的主權聲索更有憑有據，但那位官員未獲准進入，目前來看，埃及人似乎如願據有哈拉伊卜三角區，放棄比爾泰維勒。

在這同時，比爾泰維勒變得更沒人要。比爾泰維勒一名意為「高井」，但一場漫長的乾旱已把該地所具有的少許農業價值都除掉。根據衛星照片，那一片荒涼土地上似乎一棟建築都沒有。就連該地的沙漠小徑如今都沒人走，從而使這裡曾是阿巴卜達人領土的跡證跟著消失。阿巴卜達人不大注意該地區的國界，且有自成一格的民族傳統。一九二三年期的《大不列顛皇家人類學會會刊》，刊出頭髮濃密且結著緊實髮辮的阿巴卜達男子照片，以及當地人對他們的迷思，因為就連其他的沙漠部族都覺得他們神祕且古老。據說「跟著（阿巴卜達人）進入沙漠走了兩百或三百碼後」，阿巴卜達人「即會消失無蹤」。此外，被他們的目光掃到很危險，「他們能在距他們頗遠處使移動的東西定住不動。」

阿巴卜達人已離開，但他們歷史裡的重要一部分仍牢牢留在該地。因此，說比爾泰維勒未被人占領，不是說它沒有歷史或那是個誰想要都可據為己有的地方。這一點應該說清楚，因為比爾維泰勒這塊未遭聲索的空間，已成為網路上有意建國者滿足建國

幻想的中意地點。事實上，晚近關於該地的真實資訊，已被虛構的比爾維泰勒國王、埃米爾、總統之間的線上口水戰和形形色色的網站淹沒。

這些出於好玩的領土聲索，誤判了比爾維泰勒一地晦暗的現實，但要大聲予以駁斥也不易。比爾維泰勒激起地理想像，因為它打斷了我們對現代世界的期望，更具體的說，打亂了我們對國家與邊界所欲達成之目的的期望。

以人所追求之物為核心來界定世界，似乎是再自然不過的事，但地緣政治學有時也可從人所不想要之物的角度來予以思考。這種情況有數種。首先，誠如在比爾泰維勒一地所見到的，有為了支持聲索行為而發生的「反聲索」。這類情況並不罕見，儘管這類看來不受青睞的地方通常有人極想收下。中國的邊界有一些這樣的地方。晚近的某份情勢摘要顯示，中國在其二十三件邊界爭端中的十七件裡讓步，放棄了三百三十六萬平方公里的土地。在希臘與土耳其，兩地人民曾你中有我，我中有你，交融為一，但在二十世紀期間，分化為兩個各成一體、高舉族群大旗的國家，於是希土兩國的長期爭端，把許多心力放在界定哪裡「在歷史上」不屬希臘或「在歷史上」不屬土耳其。希臘、土耳其的領土收復主義裡，否認與肯定一樣多。在領土爭端的對價交換中，宣稱對某地區不感興趣一事，往往就是最關鍵的主張。

在世界地圖上，比爾泰維勒很容易被當成異數而受到忽視，被當成有點令人困惑的區域，地緣政治的確定性在此裂解為一連串虛線。即便如此，它的故事對全球意義重大，因為比爾泰維勒是地球上少數幾個地方，清楚點出了邊界畫定上一個重要的弔

詭：邊界的用意在表明土地所有權，但一旦畫出邊界，也就立即把自己框限住。每個邊界也都在表達某種否定之意，承認了另一者的權利。相對的，去除邊界的主張，即商界高階主管和反資本主義維權人士都極為推崇的，聲索的對象反而是全世界。邊界與領土的關係遠更矛盾、複雜；邊界綜合了傲慢與謙遜、需要與否定。

一覺醒來，竟變成了外國人

納瓦特里克
Nahuaterique

14°03'05"N 88°08'57"W

　　邊界更動時，有些倒楣的族群被畫在鐵絲網錯誤的那一邊，醒來赫然發現在自己國家成了外國人。偏遠山區納瓦特里克的居民，就有過這樣的經驗。一九九二年薩爾瓦多把該地區移交給宏都拉斯。納瓦特里克的故事也說明了一個道理，即曾被認為重要到值得為其一戰的地方，往往在戰爭結束後就遭遺忘。

　　宏都拉斯與薩爾瓦多為鄰，已交惡了一百五十年。這期間大半時候，兩國為了共有的邊界而大動干戈。最近一次衝突是

一九六九年的四日戰爭。它常被稱作足球戰爭，因為開打之前，兩國球迷於世界杯第二輪北美洲資格賽期間起衝突。但這場戰爭其實並非肇因於足球迷打架，真正原因是人口壓力。數年來，沒有土地的人一直從面積小而人口稠密的薩爾瓦多，湧入面積為薩國四倍的宏都拉斯。他們想找工作，找可耕種的土地，於是越過並不明確且有爭議的邊界。事後來看，他們像是從一國移居到另一國，但在當時，其中許多人並不這麼認為。就他們來說，他們單純欲往東遷，往上進入人口相對較稀疏的山區。

足球戰爭有另一個較貼切的名字：遭剝奪者的戰爭。不管這些移民的本意有多單純，他們被視為非法移民和奪取土地者。宏都拉斯攆走數千名薩爾瓦多人，頒行新法令，以奪走宏國境內薩爾瓦多人的土地，轉授予宏國本地人。就是這一激烈的干預行動，引爆這場戰爭。薩爾瓦多軍隊很快就深入宏國境內，但在強大國際壓力下，薩國軍隊不得不收兵，戰事只持續四天。

一連串邊界談判隨之展開，最後移到海牙的國際法庭，直到一九九二年才宣告畫定明確的新界。似乎大部分人都滿意這結果。薩爾瓦多駐荷蘭大使羅貝托・伊達戈・卡斯特里略（Roberto Hidalgo Castrillo）宣布：「可以歡欣鼓舞好好慶祝了。」薩爾瓦多失去納瓦特里克，但這只是六個有爭議的區域之一而已。一些小村落不久後會發現自己突然置身別國境內，而這樣的代價在某些人眼中值得一付。一萬兩千名薩爾瓦多人突然間置身宏都拉斯境內，三千名宏都拉斯人則被告知其居住地位在薩爾瓦多。

這些薩爾瓦多人主張，散布在納瓦特里克各地的二十一個村落的居民，自此一直遭到他們不負責任的新主子漠視。事實上，

宏都拉斯政府並非對該地區的困境無動於衷。對於本國邊界上有塊沒有法紀的無主之地，宏國政府可想而知還是擔心的，只是其在擔心的表達上一直很低調。納瓦特里克的居民在宏國選舉時很少投票，在該地區的首府德古西加巴（Tegucigalpa）市，他們沒幾個真正的朋友。

二〇一三年四月為薩爾瓦多報紙《新聞畫報》（*La Prensa Grafica*）撰文時，西克佛里特·拉米雷斯（Siegfried Ramírez）憶述了村民醒來發現自己遭遺棄的情景。他寫道：「村民剛聽到傳言說他們所住的地方不是薩爾瓦多一部分，而是位在宏都拉斯境內時，許多人覺得那根本是天大的笑話。」不久，宏國官員抵達該地區，要求居民把他們的土地登記為宏都拉斯的土地，但登記作業未完成。於是，該區域的土地，只有少部分屬合法擁有。公民卡也花了數十年才發放完畢，使居民無權享有基本的政府服務或取得駕照。

村民覺得遭遺棄，既不再位於薩爾瓦多境內，又不屬於宏都拉斯。納瓦特里克境內的公共服務和法律服務，根本不存在或不受歡迎。學校已建成，但直到不久前，許多孩童仍偏愛走三個小時的路跨過邊界，到薩爾瓦多上學。一九九二年邊界也使該區域的主要貿易「為山下的薩爾瓦多供應木材」停擺。一夜之間，這項貿易由正當生意變成非法走私。在該區域，公權力則更為不彰。唯一能夠彰顯宏都拉斯管轄權的，乃是帕洛布蘭科（Palo Blanco）的駐軍，而那裡的軍人表示他們唯一的職責是防杜跨境木材走私。當地人訴苦學童在帕洛布蘭科軍營前被搶，有人問軍人為何不出手制止，軍人說「學校安全」不屬他們的職責，而且

他們無權逮捕。

於是，精瘦結實的農民馬可士・阿古耶塔（Marcos Argueta），成了執法者。《新聞畫報》報導：「他走過街上，人們充滿敬意地看著他。」阿古耶塔的權威完全建立在當地一場非正式的選舉上，但那使他成為人民的喉舌、眾人目光的焦點。他解釋道：「許多人不想當宏都拉斯人，但他們無法離開，因為他們在其他地方沒有土地。」阿古耶塔說，自轉移之後，「安全問題一直很嚴重。毒品走私者、作奸犯科者，誰都能進來。」他竭力處理這問題。阿古耶塔以超乎常理的嚴懲，加上一廂情願認為他們會自己離開的心態來對付酒鬼和盜匪。碰上違法亂紀的行為，他的處置方法乃是「和其他可靠之人」一起將壞蛋打倒在地，綁住手腳，直到他們答應守規矩為止，或最好的情況，答應離開為止。

十二名納瓦特里克的居民絕望於該地區的情勢，於是在二〇一二年，在宏都拉斯首都的國民大會外展開「無限期」絕食抗議。他們在新聞稿中要求擁有「學校、配置人員與醫藥的健康中心、農業支援、人員與貨物的自由流動」，以及擁有自己的地區政府。他們列出的要求很多，但在宏都拉斯未招來強烈反感。在宏國，民間與官方的心態是既同情又沒放在心上。納瓦特里克無人聞問的景況在宏國境內廣為報導，大家卻不覺那亟需解決。有人指出，自一九九八年起就給了這些曾有爭議之邊境地區的人民雙重公民身分，他們享有在兩國間自由往來的特權。內政與人口部副部長薩洛梅・卡斯特利亞諾斯（Salome Castellanos）勸該地村民不要再抱怨。他說他們所需要做的，乃是別再想什麼自

治市的事，該學著以宏都拉斯人的身分生活。

宏都拉斯新聞媒體報導了納瓦特里克居民的困境，卻據此編造出該地區持續在進步的新聞。於是，《宏國電子報》（Hondudiario）、《先驅報》（El Heraldo）晚近的頭版新聞宣告，該地區的人民非常感謝宏都拉斯人權調查官為他們發聲，他們期盼努力奮鬥，以打造出報紙上所引述某位居民口中的「一個與我們的新祖國宏都拉斯的社會、經濟、政治生活完全且積極整合的新納瓦特里克」。除了這些樂觀正向的想法，我們還發現政府承諾於「幾個月內」設置一警察局，並承諾指派一名醫師赴該地區服務。

但如果納瓦特里克真的與它的新祖國「完全且積極整合」，疑問仍在：為何要花這麼久？宏都拉斯人大動干戈贏回這麼一大塊土地，為何事後漠視這地區？對宏都拉斯人來說，這個地方存在的意義似乎只在於打仗。它也間接表示納瓦特里克有太多薩爾瓦多人，因而無法得到宏國政治人物的認真看待。

不被承認的村莊

特瓦伊爾・阿布・賈瓦爾
Twayil Abu Jarwal

31°19'2"N 34°48'2"E

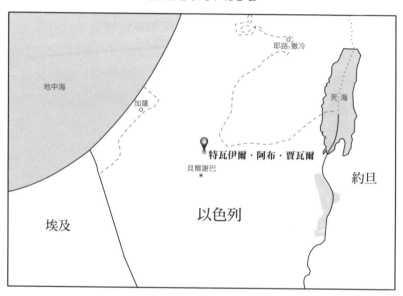

　　地方不像鉛筆或灑水壺之類的東西，可隨意丟棄或替換。人保住自己所喜歡之地方時的凶猛和足智多謀，說明地方是他們自我身分的一大特徵，失去自己的地方，有時似乎就像失去一切。

　　在地方的重要性常遭忽視的時代，我們得把目光轉向特瓦伊爾・阿布・賈瓦爾這類絕望的地方，才會想起戀地情結其迫切且不可或缺的本質。它是以色列內蓋夫沙漠（Negev Desert）裡的貝都因人村落，從貝爾謝巴（Beersheba）北方四十號公路平坦

的柏油路面，轉進一條泥土小徑可至。沒有指示通往這村子的路標，地圖上也未標示出這個村子，但一如內蓋夫沙漠裡其他四十個「未被承認」的貝都因村子，特瓦伊爾·阿布·賈瓦爾死抓著這個乾燥至極的地方不放。以色列人拆這個村子拆了許多次，確切次數各家說法不一，但保守估計推土機駛進村子推平村子部分地方達二十五至五十次。如今，該村四百五十個居民沒有永久性居所，只有帳篷和鐵皮屋。

每次拆村後不久，都有一群村民聚集評估損失。以色列維權人士易拉·拉南（Yeela Raanan）記錄了其中一次交談：有一人說道：「推土機司機不慌不忙，做得很慢很徹底，把所有東西都夷平，一個不剩。」另一人說，這一次「他們活埋了剛孵出的鴿子雛鳥」。但推土機一離開，村子就重新冒出來，村民重建了棲身之所和步道；它再度成為一個地方，等以色列當局再度造訪。女村民阿莉雅·塔拉爾卡（Aliya al-Talalqah）與來自人權觀察組織的一名觀察員交談時，描述了如何「在拆除後花五至六天時間搭建這些帳篷」。在這期間，每個人都得睡在「戶外墊子上，像野生動物一樣，白天太陽曬，晚上寒冷，幼童也是。」

以色列土地管理局（Israel Land Authority）在當地的主管伊蘭·耶舒倫（Ilan Yeshurun）接受《耶路撒冷報導》（Jerusalem Report）採訪時，只用「這不是村子」這寥寥數語，解釋為何一而再再而三拆村。他還說：「它未存在於任何地圖上或任何合法登記證件上，它只在貝都因人眼中是個村子。」話中毫無反諷之意。換句話說，因為特瓦伊爾·阿布·賈瓦爾不存在，政府可以一再派推土機將它夷平，且必須這麼做。

內蓋夫沙漠裡未被承認的貝都因人村落。
© Neukoln, WIKIMEDIA COMMONS

　　特瓦伊爾・阿布・賈瓦爾的帳篷，在瓦礫堆之間迎風飄動，
斷續而沉悶的啪啪作響聲，像在訴說內蓋夫貝都因人帶著綿羊和
山羊在沙漠裡過遊牧生活的過往。該區域過去先後的統治者鄂圖
曼人和英國人（英國人統治時間短暫），不大理會貝都因人。以
色列政府是第一個關注他們的人。它執行「定居」與集中政策，
把貝都因人遷到七個新市鎮裡，新市鎮位在內蓋夫中名叫西雅格
（Siyag）的三角形地區裡。以色列政府希望把這一古老民族改
造為現代民族。一九六三年，以色列將軍戴揚（Moshe Dayan）

期盼貝都因人構成「一都市勞動階級」，每個人「成為下午回家穿上拖鞋的都市人」。但貝都因人帶著龐大的失落感進入西雅格的新市鎮，他們還未準備好接受都市生活。不久，新市鎮在外人眼中即和社會瓦解、犯罪、失業畫上等號。許多人回到祖居地。塔拉爾卡氏族不再營遊牧生活且與傳統貝都因認同的連結越來越薄弱，於是選擇在他們的古老部族墓地附近建造特瓦伊爾·阿布·賈瓦爾村。

　　特瓦伊爾·阿布·賈瓦爾之類聚居地實現了定居型生活的目標，但按照貝都因人自己的條件定居。貝都因人那曾涵蓋整個內蓋夫沙漠的地方感（sense of place），如今固著在這類地點裡。但他們欲按照自己條件完成這轉變的作為不斷受到挑戰。都市計畫師史蒂夫·葛蘭姆（Steve Graham）用「都市破壞」（urbicide）一詞來形容以色列政府對巴勒斯坦人的政策，提到欲藉由瓦解都市生活的實體基礎設施和社會基礎設施來消滅政治反抗。但最起碼巴勒斯坦人有地方來讓人瓦解。對貝都因人來說，問題在於他們的村子連存在都不受承認。諷刺的是貝都因人，因作為文化性群體和自成一格的族群，而受到不少關注。他們的傳統衣著、食物和其他令民族誌學者感興趣的東西，引來觀光客和政府的注意，甚至尊敬，但在地方未得到承認的情況下，光是尊敬手工藝品，意義不大。

　　人非常在意地方，即使那地方只是幾公尺寬且垃圾滿地的密灌叢，但要我們理解人為何如此在意地方，怎會這麼難？這困難有一部分源於我們以非地理的（non-geographic）方式來承認他人或「確認」他人。德國哲學家黑格爾主張，人需要他人的確認

以取得自我感。黑格爾接著表示，意識始終想讓自身更單純，更不倚賴愚蠢的有形之物。部分因為這類介入，我們對何謂人類解放的看法已變得更抽離土地，偏離到抽象領域，使地理學變成無異於一份冗長單調的細節清單。透過卡爾・馬克思的過濾而形成的對爭取自由意識的執念，框住二十世紀反殖民知識分子的世界觀。沙特、阿爾貝特・孟米（Albert Memmi）、法蘭茨・法農（Frantz Fanon），把殖民地化的世界轉化為心理─社會創傷的野戰醫院。如今，受支配民族的苦痛和屈辱，已被塑造為一連串關於尊敬「他人」與「差異」，以黑格爾哲學為基礎的陳詞濫調。但對於受害者之精神生活的這一切關注，既揭露了一些東西，也把一些東西弄模糊，使地方成為無關緊要的東西或無意義且無生命的東西。

地方是我們的生命所編織成，交織著記憶和認同。沒有自己的地方，沒有作為家的地方，自由是個空泛的字眼。特瓦伊爾・阿布・賈瓦爾只是個希望得到承認的破毀村子，但它的故事，一如內蓋夫沙漠其他未受確認的村子的故事，不只是屬於當地。它提醒我們地方的不可或缺，讓我們想起想承認地方者和想否定地方者之間正發生的戰爭。

貝都因人的怨憤更為加深，因為他們的非法村子未能登上地圖，非法的猶太人農莊卻在西雅格和更廣大地區裡得到容忍。目前為止已有五十個這樣的農莊冒出，其中許多具有未得批准的建築。官方未拆掉它們，反倒為它們的成長大開方便之門。作法之一就是把六號公路延伸到內蓋夫沙漠裡。以色列的交通規畫人員畫這條新路的路線時，根本把貝都因人那些未受確認的村子當作

不存在。這條路的藍圖顯示，它將直直穿過其中一些村子。它不久後就會出現在地圖上，但它底下和它周邊的村子仍然會是看不見。已有六個貝都因人村子得到確認，但以色列官方對該地區的計畫，打算將剩下的村子強制遷村和拆除。看來在特瓦伊爾・阿布・賈瓦爾村的居民或政府死心之前，該村很有可能還會被拆許多次。

如果拆除是無可避免，那你會怎麼做？貝都因人陷入困境。如果他們挑戰拆除令，就不得不承認他們蓋違建，從而坦承犯了法。由於沒其他地方可去，他們對特瓦伊爾・阿布・賈瓦爾之類地方的所有權主張，刻意反其道而行，也就是不予保住，反倒自行拆除。誠如附近瓦迪內阿姆（Wadi al-Ne'am）這個未受確認的村子的某位居民向人權觀察組織解釋的：「他們來時，表明要拆三棟房子。我們說，我們不希望你們在村裡造成慌亂，所以我們會自行拆掉它們。他們在村外等，我們自行拆掉它們，然後他們回來檢查。我們受夠了威脅，因此決定自己來。」

就連這一自行拆除行徑都未被記錄下來。因為這些地方從不存在：它們的營造、拆除史、家庭建立史和人們工作、務農、遷徙的歷史，全都未發生過。內蓋夫貝都因人擔心他們會消失。因為沒有地方，他們還有什麼？貝都因人還算什麼？地方不是舞台，不是我們演出人生時的布景：它是我們身分的一部分。

到處可見，卻又被視而不見

安全島
Traffic Island

54°58'52"N 1°36'25"W

　　我正注視著一塊三角地，三角地三邊都立了鋼質護欄，護欄外是繁忙的馬路。兩個角落處長滿灌叢和幼樹，但中心處和最尖那一端位在高架道路下方，遍布石頭，寸草不生。我上班時要沿著市中心一段高速公路走約五分鐘，這一無法踏上的安全島就位在這條路上。隔著圍住高速公路的鐵絲網能看到它，一個未見於任何地圖上而局部覆蓋綠色植物的地方。那裡似乎未受到人為破壞。在靠我這邊的鐵絲網邊，灌叢後面，有人棄置了兩台寬螢幕電視、一些地毯殘塊和一大塑膠袋的古怪髒東西，但在那裡，我所無法觸及之處，我只看到幼樹和砂礫。

　　這些地方到處可見，是每個人每日所走過之地的一部分。它們很容易被人視而不見，但如果用心注意其中一處，立刻會生起某種讓人不舒服的著迷。好似你在看一處別人都沒看到的地方，一個被對它們視而不見的人所圍繞的隱密溫馨小王國。這個王國位在英格蘭東北部的新堡，約一點八公里長的 A167(M) 高速公路上。要在啟用於一九七五年的 A167(M) 開車得有些本事，即使對熟悉這城市的人來說亦然。汽車得繞過這個三角型安全島，從行駛緩慢的岔道擠進車流稠密且時速可達一百一十公里的車道，然後其中某些匯入的車輛得跨越三個車道以抵達出口，而且

得在僅僅九十公尺的距離內完成。那是段讓人咬緊牙、片刻不敢鬆懈的路，除了留意自己會撞上什麼或被別人撞上，沒時間看別的東西。

這塊三角地是沒用到而剩下的東西。周邊道路經過縝密考量、精心規畫，有其存在理由，但這座安全島的出現則是不期然而然。並非所有高速公路的綠地都是如此：環形立體交叉道路的安全島同樣無法踏上，但它們經過規畫，有人在其上種植物和割草，有時還設有體形龐大的公共藝術品。三角地之類地方的特色，乃是看不出塑造它們或創造它們的本意。它們不只具有遭棄置的特質，還具有獨立自主，不受現代城市這個摩托化蟻丘左右的特質。

在《轉變》（Diversion）裡，我的那塊三角地未得到顯著的著墨。《轉變》是一九七〇年代初期新堡市議會所推出的報紙，為了說服該地區居民接受他們的居住區不久後被高速公路穿過而創辦。《轉變》的主編似乎深信，多車道公路在市中心區的好處，不必特別宣說，居民就能理解。剛硬的高架道路線條畫，搶眼呈現在該報首頁上，看去幾乎就和它們實際的面貌一樣不討人喜歡。為了軟化對當地的衝擊，該報厚顏搬出漂亮的承諾：「會新栽種一千棵樹」，以及「兩萬兩千五百棵各類灌木」；挖出的土會用來建造一座滑雪坡。最後一項承諾的確說到做到：有幾年時間，附近某公園裡的一座大土丘，在該市地圖上被標示為滑雪坡。但它從未充作此用途，因為當時的新堡一如現在，沒什麼雪。

一九六〇年代起的空照圖顯示，如今包括該三角地在內的這個區域，曾座落一座學校操場和數長排的喬治亞式房子。操場和

房子如今仍在，但被吃掉一部分，在雙層高架道路前戛然而止。
這一轉變的粗暴和突然，造成很深的失落感。過去與現在之間的
斷裂從未彌合。這條高速公路一完成，就有人開始創辦社區計畫
和網站，以收集照片、地圖和被人冷落的對此地的回憶。

　　像這座三角地這樣的現代剩餘物，其說不出名字和不期然
而然的本質，似乎在嘲笑老街道，但這些被剩下來的東西，其意
義卻不明確，永遠可供人重新解讀。如今，在某些都市裡，興起
一股替最容易進入的這類地方取名的風潮，即使這類地方已局
部有人居住、已被闢為微型農地（種植作物兼養家禽家畜）亦
然，但這股風潮還未掃到仍未沾染這種放蕩不羈的文化人習性
的新堡。後工業時代、創意圍住這些瑣碎小塊地；有些學界人
士著迷於未見於地圖上的被遺棄空間，而它們正合這些人的口
味。這股風潮已在後現代的地理學界催生出許多新詞：「死區」
（dead zone）、「無名空間」（nameless space）、「空白空間」
（blank space）、「閾空間」（liminal space）、「都市空隙」
（urban void）、「含糊地帶」（terrain vague）、「缺口景觀」
（gapscape）、「廢料景觀」（drosscape）。

　　但這類地方太多，非學界術語所能盡詮。當我思考我那塊三
角安全島時，我腦海裡真的記得的著作，乃是一本小說──巴拉
德（J.G. Ballard）的《混凝土島》（Concrete Island），它講述
一位名叫羅伯特‧麥特蘭的男子撞車後被困在下述地方的經歷：

> 麥特蘭瞭解到自己撞進了一處小安全島，安全島長約
> 一百八十公尺，呈三角形，位在交會的三條高速公路

之間的廢地上。

巴拉德透過《混凝土島》探索當代景觀所帶來的心理傷害與機會。雖然書中有意拯救麥特蘭的珍‧雪潑德後來輕鬆爬出，但那並不重要。麥特蘭被困在該地，乃是因為這個島在他心中激起一股非得從無地方特性（placelessness）之中創造出意義的急切欲求。他得留下來以創造出儀式，以像「主持聖餐儀式的神職人員」那樣，替他的新領地的不同地區命名，以那些地區為題慷慨陳詞。「我是島。」他嚴正表示。

在該小說其他地方，巴拉德寫道：「人不該害怕疏離……反倒該擁抱它。它說不定是通往更有趣之事物的大門。」但我的確害怕疏離，而且有充分理由害怕。理由之一是我每天都在新堡經過這座安全島。它帶來比巴拉德在《混凝土島》中所描述的那個全然一己的心理創傷還更深刻的心理創傷，因為它是個被拿掉如此多歷史的地方。那些被切掉的排屋和田地，看去像是剛切掉不久。它是個被截掉肢體的景觀，讓人把目光移離，視而不見遠比承認它更容易。

我能聲稱這座島為我所有，在嘈雜環境中當個三十分鐘的魯賓遜嗎？或許那是讓我不再繼續想著它，止住這一可能不健康之執念的唯一辦法。而那裡說不定有什麼過去所遺留的東西，例如一個隱密的結構物或活板門。它已成為一趟非進行不可的旅程，於是我挑了一個較安靜的傍晚進行這趟朝聖之旅，那是白天時唯一能穿過來往車輛的時段。穿過岔道還算順利；安全島前的安全護欄，有一處有點塌，讓人可以伸腳跨過。但一跨過護欄，進入

安全島，我即覺得很不自在。那裡有幾種楓樹和橙木，還有自行長出的灌木。四周來往的車輛開始變多，我試圖表現出有目的而來的樣子，像個調查生物多樣性的市政官員，在做著有意義的事。但我很快就明白，或許有其他更歡迎人的安全島值得探索，這個島已非人所能收回。不會有「主持聖餐儀式」這回事。事實上，我很想躺平，不讓人看見。後來想到屆時我會立即被當成棄屍，才沒這麼做。五分鐘後，我安全回到大陸上，渾身因緊張而亢奮。我得到結論，這個島是無法命名或認識的，而且無法在想像中予以收回。總之，就我來說，做不到。它保住了它的尊嚴，但我失去了我的。還有許多其他的「缺口景觀」，或許可讓我有更好的際遇。將這個城市再殖民地化，似乎仍是必要的任務，但眼下，我急欲離開。我大步回到安全之地，隨後離開了岔道，呼吸變得輕鬆許多。

【四】
死城

Dead Cities

空無一人，
卻更吸引人。

從地圖上被刪除的毒害之城

威特努姆
Wittenoom

22°14'10"S 118°20'08"E

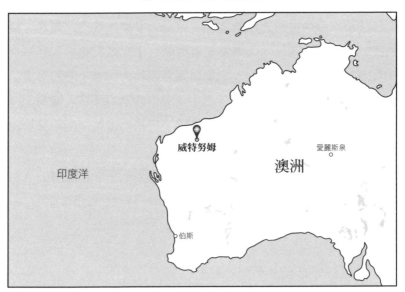

　　沒有人的地方很弔詭。它們看似已不運行，卻往往具有頗強的象徵力。最鮮明的例子是為政治目的而建造的空城（機井洞、康巴什新區、西西里未竟考古公園），但因為衝突（阿格達姆）或環境災難（威特努姆、普里皮亞特）而人去樓空的地方，有時象徵性也一樣強。

　　距離西澳省的伯斯車程十三小時的威特努姆，是個受詛咒的地方。二〇〇七年，該城被官方除籍。威特努姆曾是個開採藍石

棉的城鎮。據西澳省政府的說法，威特努姆如今仍受致癌纖維污染。它已從地圖上移除，列入被自身工業毀掉的全球單一產業城名單中。

　　從地理角度看待災難，由來已久，但我們還是越來越不安於那些讓人想起失敗或「倒下」的地方。從索多瑪和蛾摩拉走到工業時代晚期遭逢災難之地的旅程，帶我們看見近代之前刺耳、恃強凌弱的道德地理學，如何轉變為回避、不安的文化。那些曾被惡魔纏身的城市，不斷被人拿來提醒邪惡勢力作惡手法的層出不窮，而在與宗教脫鉤的世俗時代，受毒害的地方卻被人藏起來，不讓人看見。這種道德地理學的轉變，把我們放進了威特努姆這個被刪除的城鎮裡。

　　一九九六年關掉藍石棉礦場之前，威特努姆有約兩萬人。二○○六年，電力網不再供電該城，伯斯的省政府開始向有意前往該地者發出嚴重警示。官方政令制定了消除計畫：

- 威特努姆城應予盡快關閉。
- 威特努姆城裡的建築和結構體該悉數拆除，相關的基礎設施應予拆掉，以將過去有人居住的任何輕易可見的跡象一律抹除。
- 通往威特努姆和威特努姆峽谷的道路，要從重新調整或關閉或清除的角度予以檢討。

　　西澳人張開雙臂歡迎此事。與任何形態的石棉接觸，都可能要人命，即使只是極短暫的接觸，而藍石棉又是最毒的一種石

棉。已有數百名威特努姆工人、居民、乃至難得造訪的遊客，死於間皮瘤和其他與石棉有關的疾病。深入追蹤報導的記者班・希爾斯（Ben Hills）一九八九年以威特努姆為題寫了《藍色謀殺》（*Blue Murder*），該書的副書名為「難逃一死的兩千人」。該城大半地區已拆除，但創業者的頑強性格使威特努姆存活到二〇〇〇年代。靠著約三十個居民，它作為一座珍奇的廢城苦撐了數年（該城紀念品店所賣的汽車保險桿貼紙寫著「我去過威特努姆且活著」）。南非科加斯（Koegas）曾是世上最大的藍石棉礦區，後來完全人去樓空（一九七九年關閉）。相較於科加斯的死寂，威特努姆還頗有生氣。但最近幾年，常住居民已少到只剩五人，省政府如今決意將所有人遷出。

我是在由娛樂界傳奇人物羅爾夫・哈里斯（Rolf Harris）拍攝的健康安全公益短片中，第一次聽到威特努姆這個地方。他於一九四八年啟程前往威特努姆，以畫下該區域壯觀的峽谷景觀。得知若不簽約受雇於礦場，他進不了峽谷，於是，據他表示，他成了一名「完全沒用」的礦工。哈里斯在低矮的地道裡鑽爬，親身體驗到瀰漫於岩石碾碎區的「塵煙」和礦工工安維護的不足。所幸他覺得這工作太累，他做不來，沒待多久。反倒是他的父親死於石棉沉著病。這病可能肇因於他在伯斯電廠的工作或他建造家裡的「石棉水泥棚屋」時。石棉水泥棚屋是以石棉為牆的澳洲組合屋，戰後大興土木期間極為盛行。

一九三八年，這一偏遠地區開始開採石棉。二次大戰期間需求陡增，開採作業隨之擴增，一九四七年，開礦公司建造了市鎮威特努姆，以服務峽谷上游的礦場。到了一九五〇年代，它已是

可觀的聚居地，但獲利卻在下滑，因為威特努姆敵不過南非的大企業。一九六六年威特努姆關閉，反映的主要是不敵虧損，而非正受關注的健康疑慮。直到一九七〇年代晚期，威特努姆爆發澳洲史上最慘重工業災難一事才完全曝光。

　　省政府認為替威特努姆清污的成本太高，花不下手。可想而知，省政府也很擔心有人受誘騙回到該地，引出麻煩事，畢竟那裡可能還會發現別的危險廢料場。於是索性將威特努姆刪除。這是處理災難城的常見作法。災難城不只遭關閉，路標、郵政編號簿和官方公報上也不再提到它們。遭毒污的城鎮，包括曾作為車

政府於進入威特努姆處所立的警告標示。
© Five Years, WIKIMEDIA COMMONS

路牌上的「威特努姆」遭到刪除。
© Five Years, WIKIMEDIA COMMONS

諾比核電廠工人居住地，如今大部分城區廢棄的城鎮普里皮亞特（見〈普里皮亞特〉一節）；因輻射外洩而人去樓空的俄羅斯核潛艇城貝克沃文卡（Bechvovinka）；因一場地下大火而變得不適人居的美國賓州礦城森特勒利亞（Centralia）；因土地含毒而關閉的美國科羅拉多州鉛礦開採城吉爾曼（Gilman）等。森特勒利亞那場大火始於一九六二年，如今還未熄，通往該城的道路路面上有塗鴉「觀迎來到煉獄」。

　　這些地方雖然少有人注意，至少還可查到名字。如果和數千個已遭污染而封鎖，但面積較小、較不顯著的孤立地方相比，它

們甚至可以說有名。我們都知道這類孤立的污染地。從我新堡家正門走出去不遠，就能找到數大塊被鉛、砷、鎘、鋅毒害的城市土地。遭污染的地區很常見。有時這些地方還在當地頗有名氣，成為令愛冒險者和膽小者都著迷的地方。對某些人來說，它們是漫無節制工業化的弊害象徵，但對大部分人來說，它們似乎激起某種較含糊難明的東西，一種普遍的憂懼。

對於得處理地圖上這些污痕的政府來說，讓它們從人間蒸發是最顯而易見且最簡單的辦法。在我們周遭所上演的那些拆除、強制遷出動作，全都有健康、安全上的合理考量，但還有其他人類需求需要考慮到。我想要談的不只是該提出什麼教訓來提醒我們環境悲劇，還有更普世、更古老得多的東西。畢竟，欲從道德角度組織大地景觀一事由來已久。維多利亞時代有份重要的無神論小冊子，名叫《地獄在哪裡》（*Hell:Where is it?*）。如果你覺得這問題問得很奇怪，那是因為我們已不熟悉地理學曾是道德、宗教的最重要組成部分。天堂、地獄和人死後獲救、罰下地獄的其他目的地、旅程，都曾被視為永恆存在之地和實際存在之地。它們提供了一份道德地圖，助人在道德大地上找到安身立命之地。人似乎得把道德繫著、紮根於特定地方和旅程。如果我們的道德範疇不再固著於土地而自由飄蕩，會就此飄走。宗教曾公開闡述其對這所有問題的看法。離不開土地的動物，需要將道德疑問寫進山丘裡，需要具有從好地方移到壞地方和從壞地方移到好地方的可能性，而宗教正滿足這一可以理解的需求。

因此，威特努姆之類地方不該從地圖上刪除，反倒應留在我們面前，作為貪婪與無知之後果的明證。它們是我們生活的一部

分，我們文明的一部分，它們理應得到我們以堅定且悔恨之心予以確認。除掉它們後，我們留下的只會是經過不實、拙劣之修改的大地。我們應把威特努姆當成紀念碑，把目前只給予戰場遺址的那種關注也給予它們，儘管關注時要保持距離以策安全。

堂皇氣派卻幾無人居的城市

康巴什新區
Kangbashi

39°35'59"N 109°46'52"E

　　誠如我們已終於明白的，地方具有力量，而力量以其對地方的擁有為象徵。兩者密不可分的關係，在空無人居的地方尤其清楚可見，例如中國鄂爾多斯市康巴什新區這個鬼城。

　　康巴什是新建造但空無人居的居住區，位在中國內蒙古自治區乾旱的大地上。我是在二〇〇九年第一次聽到康巴什的事。記者描述了該區街道旁林立高聳的公寓大樓，氣派的廣場上建了宏偉的雕像，卻不見一個人影。自那之後，中國其他鬼城一一被人

發現，往往是從衛星照片上發現。新建好的大型新市鎮或郊區城鎮，等人入住的公寓大樓，沒有遊客上門的博物館，沒有購物者的商場。伴隨此類新聞的報導文章，不可避免地以房地產泡沫和金融崩潰的惡兆為標題。但康巴什的奇怪之處不止於此。更仔細觀察後發現，康巴什是帝國風水觀在當今的省級翻版。當地省政府替自己蓋了一座宏偉的小城市以推高自己的地位，其用意在透過景觀取得它的權力，並將它的權力牢牢銘刻在景觀上。這個新區的中心處，矗立著宏大的市政大樓。寬敞大馬路從市政大樓往外輻射，大馬路兩旁遍植樹木。市政大樓以君臨之姿俯瞰周遭景觀，是突然致富的鄂爾多斯市的權力中心。

　　鄂爾多斯位在中國煤鄉中心，其名為蒙古語，意為「許多宮殿」。該市的 GDP 從二〇〇〇年的接近二十五億美元暴增為二〇〇九年的四百一十億美元。它是新興的邊境城市，在人們於周遭平原上冒險鑽坑挖煤之時，它乘著挖煤熱潮大賺其錢。在更廣大的地區上，遍布數千個礦坑。許多礦坑屬於不成規模的小礦坑，礦工自行鑽下沒有支撐且寬幾乎只容一人鑽行的礦井。地下火很常見，且許多地下火無法撲滅。這份工作很危險，但報酬豐厚。而稅收和採礦執照的取得費源源流入鄂爾多斯。財政收入暴增，使該市開始自命不凡，要更上層樓。鄂爾多斯市想由偏鄉小城搖身一變成為堂皇氣派的都市。

　　把鄂爾多斯稱作市，其實流於托大，因為鄂爾多斯大部分地方是草原。在其東側，座落著道路狹窄且多塵土的東勝舊城區。得往南二十五公里，才能抵達鬼城康巴什，但它是鄂爾多斯市的核心。鄂爾多斯市是個面積遼闊但人口密度僅一平方公里十八人

的「都市」──相對的，倫敦市每平方公里將近五千人，曼哈頓為兩萬五千人。鄂爾多斯不需照熟悉的規則行事，或不需要太擔心後果。該市領導班子把將近四百戶農家遷走，以清出空地建造康巴什。它建造為可容三十萬人，而且建造成本高昂。它提供高級華廈、奢華的公共廣場、公園和兩座數公里長的人工湖。

到了二〇一〇年，該市官員不得不承認入住者不到三萬。西方的陰謀論者察覺這其中有個總體計畫，有個說法開始流傳道，北京的共黨領導班子預見到會有場全球大戰，於是命人建造呈環狀分布的數座城市，以便在中國其他地方遭核武攻擊或遭水淹沒時，安置重要群體。美國一陰謀網站解釋道：「對中共政府來說，在戰略要地（例如蒙古高原）建造彼此相連的一批新城市安置數億難民，乃是非常明智的計畫。」對於康巴什的冷清，看來更站得住腳的解釋，乃是當地黨務官員失算。他們沒料到他們的計畫會激起如此龐大的房地產投機潮。中國各地有閒錢的新富中產階級赴康巴什置產，打算海撈一筆，但無意搬進去住。

但康巴什的問題不只在經濟。畢竟，即使在大家都看得出它會繼續是個空城之際，該市仍繼續在大興土木。該市建築的宏大和該市公園、廣場的遼闊，從經濟角度來看不合理。康巴什的故事也說明了一件事，即當地政府開始自視為煤田的皇帝，如過去皇帝的一貫作為，著手利用景觀來維繫自己的威權，宣告自己的不朽。

康巴什的統治者坐鎮於空蕩蕩街道和空蕩蕩博物館所圍繞的堂皇市政大樓，申明其在執行一悠久的帝制時代傳統：使蠻荒之地臻於文明開化。該市以南北軸為中心來布局（過去帝國城市的

一貫布局），絕非偶然，市府大樓前傍水後倚山的格局亦然，因為照風水觀點，這是最吉利的組合。這一象徵手法也見於外面的太陽廣場。太陽廣場往南綿延兩公里，最後抵於某湖，廣場邊林立著具有鮮明文化意涵的宏大建築，例如鄂爾多斯博物館所在的那座說不出什麼形狀的鋁質發亮建築，以及一座優美通風的圖書館和一座藝術中心。康巴什新區處處彰顯大格局。至於該市只住了一些困惑的觀光客一事，並不重要。這些表明創意與學問的宏大建築，明確表達且確認權力的所在地，一如在古代中國裡神道和神廟所發揮的作用。這個地方被灌注了這樣的信念，因而有人甚至認為它可解決、或至少移轉政治衝突。在康巴什的成吉思汗廣場，座落著一尊這位蒙古霸主的雕像，以及其他立在底座上，向蒙古人身分致敬的巨大石雕像，例如兩隻用後腿直立，用前腿馬蹄猛烈交搏的馬。在鄂爾多斯市，漢人占人口九成，但在內蒙古其他地方，漢人所占比例低了許多。而蒙古人和漢人之間常陷入緊繃的關係，就在這些彰顯雄心與拚搏精神的共有象徵中化解。建造這些精美建築所用到的錢，來自骯髒的挖煤活，但挖煤活在康巴什新區完全看不到。

建造無人的城市，已可說是中國都市計畫者的習慣。空蕩蕩的沙漠城鎮二連浩特、鄭州新區和其他許多無人居住且尚未取名的聚居地，都屬之。中國人也在非洲安哥拉建了這樣的城市。基蘭巴新城（Kilamba New City）距首都羅安達三十公里，設計為可容五十萬人。它有十二所學校和七百多棟八層公寓大樓，卻看不到人。

這些如魔法般變出的景觀，儘管充滿自信，卻具有急不可

待、乃至不顧一切蠻幹的特質。空城能喚起力量,但無法保住力量。就在它們執行當權者過於自負的意志時,它們指出當權者權力的脆弱。

　　儘管地球人口激增,二十一世紀初期卻很有可能被後世都市地理學家稱作空城時期。人類在這時期建造出如此多且規模如此宏大的空城,在史上絕無僅有。媒體報導它們時,無不表達了困惑之情,而報導到中國的空城時,則充斥著幸災樂禍之心,那是以欣羨之情看著且驚嘆於中國驚人之都市成長的世人所還能享有的少數樂事之一。欲瞭解康巴什,就得知道它既是富象徵性的景觀,也是個講究實用的景觀:它是利用舊魔法打造出的新一類都市。

北韓對南韓的統戰策略

機井洞
Kijong-dong

37°56'12"N 126°39'21"E

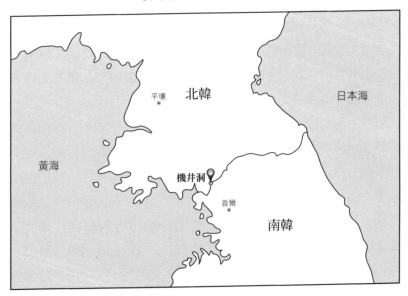

機井洞是個有名無實的地方，那裡的公寓大樓內有燈光斷續亮起，窗子卻沒有裝上玻璃。那裡沒有居民，也不准外人進入。但照明設備靠定時器啟閉，馬路有人定期清掃。北韓的機井洞，又稱「平和村」，建於一九五〇年代，以誘引南韓人叛逃，並展示共產國家的進步和現代。我們想問的是：是何種冷冰冰的邏輯使它持續運作至今？

全規格仿造的城市很少見。這類城市有時被稱作波將金村

（Potemkin village），因俄國大臣波將金據說在新近征服的克
里米亞土地上建造了有燒著柴火的壁爐的假村子而得名。據說他
想藉此讓凱瑟琳二世相信，這是個富足且人口眾多的地方。遺憾
的是這個傳說似乎絕大部分是虛構。較好的例子來自二次大戰
時，當時，建造誘餌城鎮頗常見（見〈阿恩〉一節）。假巴黎是
其中最大的誘餌城鎮之一，為把敵人的轟炸機引離真正的巴黎市
而建造。但假巴黎建得很草率，相較於機井洞，根本是粗製濫造。
建造永久性的假民村，以讓邊界對面的人以為邊界這邊的人日子
過得很好，似乎是北韓獨有的想法。

　　「平和村」是一九五三年南北韓停戰協定的產物。兩國之間
劃設了縱深四公里的非軍事化緩衝區，各獲允許在這一兩百五十
公里長的無人地帶裡有一聚居地。南韓決定保留種稻的村子臺城
洞，北韓則選擇在其正對面——邊界對面約一點六公里處建造機
井洞。機井洞比臺城洞大上許多，Google Earth 的照片顯示，
那是個由三大中心構成的遼闊城區，中心與中心之間隔著農田。
每個中心有數排看似非常大的房子或公共建築，其中許多建築有
大花園。在許多北韓地圖上，機井洞並不顯眼，但它是為了讓人
刮目相看而建。電力供應設備和許多混凝土建築上昂貴的藍瓦屋
頂，予人時空錯亂的奢侈、成功觀感。一九五〇年代該區域普見
的建築是茅草農舍，就此背景來看，機井洞想必曾予人未來世界
之感。當時，集體住宅和電氣化是共產政權進步的主要象徵，但
今日的南韓人隔著邊界望見它時，不可能覺得它們有什麼了不
起。他們知道北韓貧窮，知道北韓是亞洲最暗的國家之一。夜間
衛星照片顯示，它漆黑一片，周邊鄰國則全是燈火輝煌。

機井洞。
© Don Sutherland (U.S. Air Force), WIKIMEDIA COMMONS

　　北韓官方宣稱，機井洞是欣欣向榮的村子，有一大型集體農場（由兩百戶人家經營）和許多社會福利事業，例如幾所學校和一座醫院。但機井洞距邊界很近，拿起望遠鏡一望，就能看出它是個空城，而許多人並不看它。南北韓敵意暫消期間，跨越邊界一事成為觀光活動，引來源源不斷的觀光客想跨過非軍事區，進入鮮少人造訪之北韓。遊客被帶到附近的板門店，被警告勿與北韓軍人有眼神接觸或以頭手動作對他們示意。在板門店，機井洞更近，清楚可見於遠處，但仍是禁地。在板門店，除了享受「黑暗觀光」（dark tourism）之樂，別無樂趣可言。觀光客或許也對南韓官方的以下示警覺得刺激：跨過邊界「即進入敵對區域，

有可能因敵人行動而死傷」。

　　還有些具宣傳性質且較晚出現的象徵物，也在天際線上爭奪人的目光。為回應南韓於臺城洞立起一根九十八點四公尺的旗杆，北韓在機井洞立起一百六十公尺高的旗杆，一別苗頭，機井洞旗杆一度是世上最高的旗杆。但機井洞仍是個很有力且直到不久前仍很聒噪的象徵物。直到二〇〇四年為止，該地空殼子建築上的擴音器，不分日夜，幾乎每個小時都朝原野大聲播放譴責性演說和愛國歌劇。沉寂幾年後，二〇一〇年，擴音器再度發聲，而在那不久前，北韓人擊沉一艘南韓潛艇，奪走潛艇上四十六人的性命。

　　機井洞或許讓人覺得新奇，但它是二十世紀空洞建築景觀傳統的一部分。從莫斯科到北京的諸多共產政權，常熱衷於建造大而無當的建築，以表達革命熱情和新秩序的永存。比如，布加勒斯特國會宮（Palace of Parliament）的一千一百個房間，還有保加利亞的布茲盧賈紀念堂（Buzludzha Monument），我們該拿來作何用途？國會宮又稱西奧塞古之屋（House of Ceauşescu），是世上第二大建築，一九八九年尼古萊‧西奧塞古（Nicolae Ceauşescu）被拉下台時，該建築仍在裝潢。布茲盧賈紀念堂則是太空船狀巨型建築，為紀念保加利亞共黨團體的誕生而建，裡面充斥華麗耀眼的壁畫，蓋在偏遠且無法抵達的山頂上。建造拙劣的宣傳性建築由來已久，而機井洞是這一悠久傳統的一部分。這一傳統標舉象徵性而輕視實用性，著重姿態而不看重實質。好似每個人都很想景仰它，但只能隔著一段距離來景仰——那是種不只催生出假東西，還深情維護它們的心理—政治

情結。

　　北韓全境充斥著宣揚繁榮與進步的宏大建築。世上最大的凱旋門就位在北韓，跨立在一條大體上沒車的公路上。它建於一九八二年，上面刻有「金日成將軍之歌」，由兩萬五千五百五十個磚塊建成，每個磚塊代表金日成人生的每一天。還有祖國統一三大憲章紀念塔，橫跨在另一條冷清清的公路上，由兩個巨大的女性石雕像聯手舉著一個紀念盾牌。一百七十公尺高的主體思想塔，聳立於首都平壤，為祝賀使北韓陷入今日困境的國家領導人金日成七十歲壽辰而建。載著假飛彈的車輛緩緩駛過閱兵場以炫耀北韓武力時，它就居高臨下俯視著。

　　為了與南韓合辦在南韓舉行的一九八八年奧運，北韓人也建造了一些又大又深但很少使用的運動設施，儘管合辦之議最終未能實現。在首都平壤，青春街旁有宏大的桌球館、手球館、跆拳道館。最叫人嘆為觀止者，乃是平壤一百零五層的柳京飯店，世上最高的飯店之一，北韓最高的建築。它巨大的金字塔外形，雄峙平壤。一九八七年開工，如今還未完成，而且這座飯店大概吸引不來它原初所打算吸引的外國觀光客或投資客。它是另一個有名無實的東西，一個著眼於未來但令人惆悵的廢墟，一如機井洞佯稱希望我們過去看看，但其實不希望任何人靠近。

世界上最大的死城

阿格達姆
Aghdam

39°59'35"N 46°55'50"E

阿格達姆是世上最大的死城，遍地廢墟之地。在主清真寺（少數還存有屋頂的建築之一）周邊，放眼望去一片破敗。從 Google Earth 往下瞧阿格達姆，如果以為那裡剛被核子彈炸過，也不為過。

為爭奪納戈爾諾─卡拉巴赫（Nagorno-Karabakh，簡稱卡拉巴赫）這塊位於阿格達姆附近的族群飛地，亞塞拜然、亞美尼亞兩國，連同他們的同族盟友，打了一場戰爭，阿格達姆則是這

場戰爭的受害者。一九九三年它人去樓空，隨即遭有計畫的摧毀。一九九二至一九九四年，在世上其他地方仍在慶祝蘇聯垮台之時，這地區有數千人死於殘酷的族群戰爭。卡拉巴赫上演了令人髮指的殺戮。從一開始，就有媒體報導平民（包括孩童）遭割頭皮、斬首、截肢的情事。除了遇害者，還有三百萬人流離失所，其中包括所有原以阿格達姆為家者。

徹底摧毀地方之舉是現代總體戰的一大特色，在這種戰爭中，人們認為欲打垮敵人的戰鬥意志，就得先摧毀敵人的文明中心和平民生活。轟炸得越厲害，就越反襯出地方在人類認同上裡所扮演的首要角色。一般來講，只有市中心區會被摧毀，且在戰後迅速重建。阿格達姆毀壞程度的徹底和毀壞狀況的持久，以及此事發生於較晚近這一點，使它顯得很特別。幾十年前，阿格達姆是熱鬧的地區首府，以熱絡的傳統市集和古雅的麵包博物館而著稱。該市居民絕大多數是穆斯林，但該市也以葡萄酒廠而聞名。阿格達姆白蘭地公司有百年的製酒傳統。如今，讓人想起該市之過去的東西，乃是在某些前蘇聯加盟共和國境內仍有人飲用，名叫 Agdam 的一種加度葡萄酒。它就是俄羅斯人稱之為「咕噥果汁」（mumble juice）的那種廉價烈酒。

如今，去阿格達姆的人不多。少數幾個避開地雷區，造訪過當地的旅人，事後描述了當地世界末日般的景觀。以下是兩則此類記述的簡短摘要，取自旅行部落格，第一則出自賈斯汀・埃姆茲（Justin Ames）筆下，另一則是保羅・布萊德伯里（Paul Bradbury）所寫：

不久後，你會注意到一件事，那就是破壞的規模。每次
覺得已接近城市的邊緣或馬路的盡頭時，翻過另一座
小山或繞過一個彎，又有一片遭破壞的地方呈現眼前。

在這個曾有五萬人的城市裡，我們見到十五個老百姓
（一個母親和兩個兒子在主街上摘恣意生長的漿果；
一對老夫婦帶著孫女在尋找木柴；其他人在撿拾廢
鐵）……在某個壞掉的大門上，我見到門牌號碼50號。
50號，但哪條街呢？看不到其他能確認街名的東西。
就連馬路都已被挖過，所有管子都已拆掉。

這些記述裡令人低迴不已之處，乃是他們驚奇的語氣。他們
異口同聲道：「阿格達姆，我連聽都沒聽過。」我們之中許多人
大概也只會發出同樣的驚嘆，不然就是問道，卡拉巴赫在什麼地
方？隨著這些破敗的前蘇聯邊陲地區已變成不斷變動且充滿對立
衝突的三角洲，外界已染上因打擊而起的地理失憶症。在北美或
西歐，該地區那些不知道怎麼唸、不知道位在哪裡的地名，頻頻
登上新聞報導，然後迅即又遭人遺忘。對任何經歷過某個時代的
人來說，看到世人把像蘇聯這麼大、這麼具體的東西完全搞錯，
著實覺得難以置信。即使時隔將近二十五年，世人仍很難理解它
其實是個龐大笨重的帝國，從來談不上是個國家。

阿格達姆不斷予人驚奇，主要是因為它一再遭人遺忘。相對
的，對亞美尼亞人和亞塞拜然人來說，阿格達姆的存在有力地提
醒他們，雙方都想在一場久遠的領土爭端中，把自己塑造為受害

在遭到荒廢十七年後，逐漸被自然支配的阿格達姆。
© KennyOMG, WIKIMEDIA COMMONS

者，把對方塑造為侵略者。虔誠信奉基督教的亞美尼亞人，有充
分理由認為自己身陷敵人包圍。他們的東鄰亞塞拜然是突厥語族
國家，是亞美尼亞西鄰土耳其的堅定盟友，而土耳其不只否認犯
下一九一五年亞美尼亞人大屠殺之事，還祭出禁止「侮辱」土耳
其國的法律，起訴那些公開談論該種族屠殺之事的人。但該地區
的所有突厥語族有他們自己遭迫害、遭種族屠殺的過往。他們蒙
受過無數次的種族屠殺，包括在卡拉巴赫境內。

布爾什維克於一九二〇年代初期終於控制這個征伐頻仍的
地區後，開始作交易以拉攏最大族群。最初布爾什維克承諾把卡
拉巴赫給亞美尼亞人，後來為了拉攏土耳其，把該地給了亞塞拜

然。慢慢增溫的紛爭，與其說是得到解決，不如說是被強行壓下。一九八〇年代晚期，卡拉巴赫各地爆發要求當家作主、結束亞塞拜然控制的抗議，這些衝突隨之變得越來越公開。克里姆林宮不贊成現狀有任何改變，但當蘇聯瓦解，阻止族群衝突的力量也跟著垮掉。

在這些紛爭中，阿格達姆被特別拿出來特別處理，因為它位於卡拉巴赫附近，戰略位置重要。但它之所以被鎖定，也是因為它為一九八〇年代晚期反對卡拉巴赫脫離的街頭抗議活動提供了環境。一九八八年，在阿格達姆市內和周遭，爆發亞塞拜然裔與亞美尼亞裔的街頭戰鬥。阿格達姆成為亞塞拜然人戰鬥意志與反抗精神的象徵。似乎就是這段過往的記憶，使親亞美尼亞的卡拉巴赫軍隊於幾年後破壞阿格達姆作為報復。卡拉巴赫軍方的解釋無疑很難說服人：他們宣稱亞塞拜然人把阿格達姆當成軍事基地使用。但這個城市防禦薄弱，很快就遭卡拉巴赫軍隊攻陷，居民在入侵部隊到來前就往外逃。然後入侵部隊撤出，以炮彈不斷轟擊這座空城，最後使城裡建築幾乎全毀。該地區其他城鎮也受到攻擊，但對阿格達姆的攻擊，不管在攻擊規模，或是在徹底的程度上，還是名列前矛。如今這場戰爭暫時中止，但沒什麼跡象顯示衝突已結束。

亞美尼亞裔很清楚，對平民施加的暴行，大部分很快就遭遺忘。卡拉巴赫於戰勝敵人後宣布獨立，儘管它未得到其他國家承認，就連與它血脈相連的亞美尼亞都未予以承認，但它實質上是個主權國家。卡拉巴赫人表示，他們會緊抓住阿格達姆和他們所謂之「安全地帶」的其他地方，直到亞塞拜然承認他們獨立為

止。但承認仍是遙遙無期，而在這同時，亞塞拜然人所必須緊抓住的，乃是用以指稱那個「安全地帶」還有整個卡拉巴赫的另一個標示語：「遭亞美尼亞人占領的亞塞拜然土地」。

雙方的政治主張南轅北轍，這個淪為廢墟的城市則在這同時不斷崩解。在下一波暴力潮來襲前的空檔，已有小幅度的復原措施施行，二〇一〇年，卡拉巴赫政府宣布主清真寺已局部修復。但光是修復破敗城市裡的一棟建築，得到的宣傳效果恐怕有限。而且就連這樣的舉動，都招來嚴厲的指責。卡拉巴赫的媒體報導了如下的輿論反應：「亞塞拜然人毀了我們的墓地和教堂，我們幹嘛修復他們的清真寺？」

阿格達姆破壞之徹底和該城空無人居狀態的持續之久，使它成為苦難與憤怒的象徵地點。而外界未能注意或不願意注意阿格達姆或卡拉巴赫的不幸，更加深了該地人民的悲情。阿格達姆目前為止唯一真正的重建工作深具象徵意義，至少對阿格達姆當地足球會的支持者來說是如此。阿格達姆的伊馬雷特體育場（Imaret Stadium）建於一九五二年，是阿格達姆足球會（FK Qarabagh Aghdam）的主場球場，但這座建築連同該市其他地方一起被毀，這支球隨之解散。自那之後，這支球隊即成為該地區亞塞拜然裔難民的文化象徵，靠著來自土耳其人和其他亞塞拜然人的金援，這支球隊重生，如今是亞塞拜然超級聯賽的參賽球隊，也是亞塞拜然戰績最好的足球隊之一，已數次打進歐洲球賽，且已在亞塞拜然找到新的「主場」。它的成功與斯捷潘納克特足球會（FK Karabakh Stepanakert）的際遇殊若天壤。後一足球會曾是蘇聯最頂尖的球會之一，以卡拉巴赫的首府斯捷潘納

克特為基地，但被禁止參加國際球賽之後，這支球隊萎縮，如今沒有經費，只有當地球迷可依靠。這聽來像是個具道德寓意的故事：鬼城的球隊高呼勝利，志得意滿的勝利者的球隊反倒衰落。但足球場上的成功無法慰藉失去一城市的悲痛。消滅一地方，對因此受害者和幹下此事者都有影響，而在阿格達姆重建之前，這座死城還會激起更多仇恨和暴力。

在車諾比核子事故之後

普里皮亞特
Pripyat

51°24'20"N 30°03'25"E

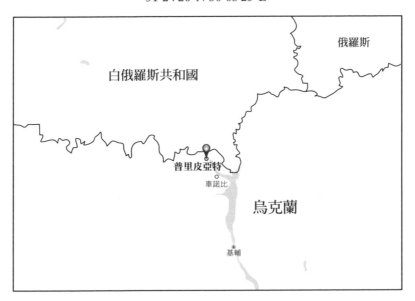

　　都市化的反面是如下的幻想：總有一天大自然會重返，與大自然作對的城市混凝土會變為花團錦簇。但我們毒害大地的本事太高強，因而這一幻想情景已變得不堪入目。大自然的確重返，收回烏克蘭的普里皮亞特市，但造成這一現象的主要原因，乃是那裡輻射程度太高，所有人都不得不撤離。

　　距普里皮亞特不到三公里處，座落著車諾比核電廠。一九八六年四月某日，普里皮亞特居民從當地電台聽到如下宣

告：「車諾比核電廠發生事故，一原子反應爐已受損。受感染者會得到協助，官方調查委員會已成立。」同一天更晚時，全市四萬五千個居民被匆匆推進一千多輛巴士裡，他們沒時間打包。衣物留在衣櫃裡，玩具留在空嬰兒車裡，寵物遭遺棄。他們獲告知只離開三天，結果就從此未再回來。就連當地陸軍部隊的坦克和直昇機都留在原處。誠如我們今日所知，普里皮亞特的居民本該更早撤離，且原本能更早撤離。四號反應爐爆炸於三天前，但此一事故未對外發布，致使該市居民受到將會對他們和他們的子孫貽害甚大的致命程度輻射。

一九九二年後，即蘇聯已瓦解之後，該核電廠沒了保安人員，普里皮亞特受到劫掠者洗劫，連電線和油地氈都全遭拔走。人類遺棄了普里皮亞特，大自然卻在接下來的歲月裡收回失土。如今馬路和建築都已被小樹的樹根撐裂。苔蘚植物和禾草植物覆蓋柏油路和逐漸敗壞的混凝土，由於城中排水系統堵塞，每年春天雪融之後，水泥地成了淺湖。原訂於一九八六年五月一日開幕，設有摩天樓的一座遊樂園，如今仍在，只是銹蝕斑斑，置身於荒煙蔓草間。

一個古老夢想回到人間嘲笑我們。一八九〇年威廉·莫里斯（William Morris）寫了《烏有鄉消息》（*News from Nowhere*），在其中以欣然之情描繪城市回歸自然的想像情景。他預言倫敦人反感於醜陋的街道，創造出「一個令人非常愜意的地方，因為自一九五五年大肆清除房屋後，樹木能自在生長。」那是個很能打動人的想法，善用了對都市弊病日益不安的心態。由於世界被越來越大的都會區覆蓋，欲見到大自然報復的念頭

變得更激動人心、更危險。但莫里斯這位反工業的預言家，絕對想不到大自然會像這樣報復。據估計，要在約九百年後，普里皮亞特才會再度成為安全的人類居住地。輻射濃度太高，就連片刻的造訪都是找死，以核電廠為中心劃出的禁制區，也就是官方所謂的疏散區（Zone of Alienation），廣達兩千六百平方公里，比盧森堡還大。最危險的地方位在已積澱了受污染塵土和瓦礫的建築裡。派駐莫斯科的美國記者吉兒・多爾蒂（Jill Dougherty），憶述了有次開車繞過普里皮亞特：「它一片死寂，是我這輩子最詭異的經驗。」她接著描述「已被苔蘚和灌木叢接管」的水泥路面和「日益朽壞的房子……我能聽到水穿過天花板滴落的聲音。」

　　普里皮亞特初建成時是蘇聯模範城。工程始於一九七〇年二月四日，蘇聯的「休克營造法」（shock construction）為分屬蘇聯諸多民族的人民，在此迅速建起了家園。街名（其中兩個字面意思為「熱衷者」和「諸民族的友誼」）反映了普里皮亞特的多元性。它是個有寬闊街道和現代公寓大樓的明亮城市，許多公寓大樓且有瓷磚裝飾。居民的平均年齡只有二十六歲，每年新生兒超過千名。有位曾住在當地者以自豪之情憶道：「只有在這城市裡能看到成列的折疊式嬰兒小推車，傍晚時父母親推著嬰兒在街上散步。」

　　有一段時間人們覺得在這場世上最嚴重的核子事故後，沒有生物能存活。反應爐爆炸後，所有東西都未能倖免於難，而且受害的情狀往往古怪且可怕。動物的胚胎分解，馬的甲狀腺破裂。放射性墜塵所經路線上的一大片松樹林變成「紅樹林」，因

為松樹變色死亡。但如今，這片森林再度變綠。許多植物迅速適應了新環境。有人在距出事的反應爐五公里處和一百公里處分別播種大豆，以便做比較研究，結果發現距五公里處的大豆受高度污染，重量只有其本應有之重量的一半，但它們也進行了分子適應。例如，它們所含的半胱氨酸合成酶（cysteine synthase）是未受污染之大豆的三倍，而這種酶助植物抵抗環境壓力。

在這同時，這個城市和其周遭的禁制區已成為多種動物的棲地。放射生態學家謝爾蓋·高夏克（Sergey Gaschak）觀察到，「有一些鳥在這個石棺裡築巢」，石棺指的是一九八六年為封住爆炸的反應爐而建的混凝土外殼。在事故的中心點，他看到「椋鳥、鴿子、燕子、橙尾鴝鶲，我看到巢，而且找到蛋。」二〇〇〇年代中期，有人調查禁制區裡動物的數量和種類，發現有兩百八十種鳥和六十六種哺乳動物，共有七千頭野豬、六百隻狼、三千隻鹿、一千五百隻河狸、一千兩百隻狐狸、十五隻山貓、數千頭駝鹿，也發現熊的足印。在烏克蘭境內這個地區，這可是個大發現，因為熊在這裡已絕跡多年。

瑪麗·邁西歐（Mary Mycio）以車諾比的自然史為題，寫下暢銷的《苦艾森林》（*Wormwood Forest*）。她主張：「表面上看，輻射讓野生動物受益良多。」原因很簡單：「它迫使人離開污染區」。提到更廣大的禁制區時，她說「那是個帶放射性的荒野，而且生命欣欣向榮。」

但如果普里皮亞特和其周遭地區只對人類有害，那就太奇怪。對該區域的另一種看法，乃是把那裡視為變種自然區。動植物或許看似「欣欣向榮」，但那純粹是藉由粗略的數量調

查，再與正常城市的情況相比較所得出的印象。深入調查過該區域的南卡羅來納大學生物學教授提摩西・穆索（Timothy Mousseau），向《國家地理新聞》（*National Geographic News*）坦承：「這一悲劇最讓人覺得反諷的現象之一，乃是許多動物過得比有人類在那裡時好了許多。」但他也提醒，若斷言這表示他們沒受苦，「那就錯了」。事實上，穆索的研究顯示，當地鳥類的繁殖率低於平均值甚多，其他調查所得到的證據表明，樹木體內賀爾蒙受損，許多樹木長得奇形怪狀扭曲變形。樹木生長受體突變，意味著如穆索的同僚詹姆斯・莫里斯（James Morris）所說明的，它們「費了好一番工夫才弄清楚哪個方向是往上」。其他的研究揭露更為奇怪的反應，例如淡水湖軟體蟲從無性生殖變為有性生殖。

這些改變是損傷的跡象、適應的跡象，還是兩者皆而有之，很難斷定，但它們告訴我們世上沒有伊甸園。烏克蘭總統維克托・尤申科（Victor Yushchenko）二〇〇五年走訪此區域時，提出將它闢為自然保留區的想法。自那之後當地政府一直在研究設立車諾比國家自然公園的可行性。弔詭的是，這位總統也同時提議將該地用來貯存外國的核廢料。這構想不久就遭否決，但卻充分表明烏克蘭想為這個禁制區尋找經濟用途。所有關於該區域動植物生長繁茂的「好消息」，都被用來暗示該區域已觸底反彈，致命輻射和生物多樣性可共譜美好生活。

城市回歸自然這一夢想歷久不衰。我們越是都市化，越是擺脫自然，這一夢想就越是縈繞我們腦海不去，越可能悖離常情地喜歡看到水泥路面和建築被樹根撐開。在普里皮亞特就正有這

樣的狀況，但這個夢想本無意這樣。威廉・莫里斯的希望，乃是
希望人與自然間取得平衡的關係。一八九〇年時，那本有可能發
生，未來或許有一天會發生。但在這同時，普里皮亞特被過度茂
盛的草木覆蓋的街道，象徵著那個希望遭揚棄。我們本該是這個
大地回歸自然之故事的一部分：拿回我們失去的東西，回到我們
失去的東西身邊。而普里皮亞特指向的是另一個未來。

未完工的城市

西西里未竟考古公園
The Archaeological Park of Sicilian Incompletion

37°43'37"N 15°11'02"E

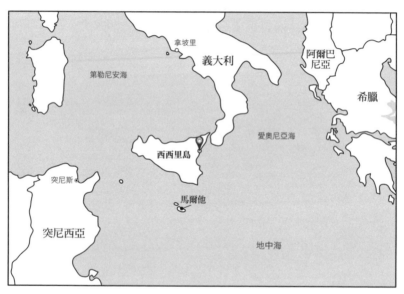

　　現代地方由數層未完成的未來願景構成，因此永遠處於暫時狀態。西西里島埃特納山附近的濱海小鎮賈雷（Giarre），擁有密集程度極為驚人的眾多半完成的大型建築工程。義大利藝術家把這個城中城稱作「西西里未竟考古公園」，這個名字就此沿用下來。在這裡可以找到二十五項一九五○年代中期至二○○○年間動工但未完成的工程，其中許多工程規模甚大，例如一座龐大的田徑、馬球運動場、一座尺寸接近奧運場館級但未完工的地區

游泳池、一座名叫多功能館而搖搖欲墜的混凝土氣派建築。它們的混凝土外殼正被雜草和仙人掌慢慢接收，但仍是那區域最搶眼的東西。

在一個僅兩萬七千人口的小鎮裡，這些龐然巨構特別搶眼。當地政治人物動不動就說，為了確保地區政府給予經費，他們必會讓公共工程完成，而這些龐然巨構的存在，正為他們的這一愛說大話的習性留下鮮明的線索。啟建大型工程一直是贏取選票的利器和創造就業機會的辦法。也有人說此舉能壓制黑手黨吸收成員。

這些承諾所造就的景觀具有超現實的況味，對那些心動於衰敗與惰性必然會壓過現代性的狂妄野心一說的人，具有傷感的魅力。以米蘭、紐約、柏林為基地的藝術家團體「另類錄影」（Alterazioni Video），想出賈雷的西西里未竟考古公園這構想，喜愛他們所謂的它「龐大的規模、占地的廣闊和建築的古怪。」他們把未竟一詞界定為「局部執行某工程，然後予以連續修改，每次修改即帶來一段突然且短暫的密集活動期」，界定為一個產生「無目的之場址」的過程，且那些場址「像凱旋門那樣成為那區域的景觀裡最搶眼的東西」。「另類錄影」的協作人暨賈雷當地的行動主義者克勞迪婭・達伊塔（Claudia D'Aita）曾在田徑與馬球場辦了一場假馬球賽。她解釋道，應把賈雷鎮所有未完工的巨構視為「某種露天博物館」。「另類錄影」宣布，這些「位在城市地平線上的顯眼污點」，應被「改闢為觀光景點，賦予這些紀念一永恆當下時刻的宏大建築新的價值和意義。」

「另類錄影」已推出一份地圖兼導覽手冊，以助來訪者參

觀形形色色未完成的重要場址。我未聽過哪個人認真利用過那份手冊，於是二〇一三年七月我去了賈雷，以瞭解參觀西西里未完工的建築會予人什麼樣的感受。可想而知那是個奇怪的經驗，我偶爾覺得難以分辨哪些是已完成，哪些未完成。奇科門戴斯公園（Chico Mendes Park）是個半完工的「兒童城」，有鐵絲網將它與外界隔開，是「另類錄影」的自導觀光行程裡重要的停留點。而隔著馬路，奇科門戴斯公園的對面，就座落著另一個廢棄區，一九八〇年代一座精心設計的圓環。如今這個圓環成了荒地，長了禾草和野生無花果樹，充斥塗鴉，還有一大堆褐色玻璃瓶。圓環裡有一座壞掉的中央噴水池、一座已生鏽、形似蘇聯第一個人造衛星「史普尼克號」的球狀物、一圈已沒水的較小型噴泉水景，還有一座陷入雜草叢中的雕塑，刻畫十九世紀神職人員博斯科先生（Don Bosco）指導街童的樣子。站在奇科門戴斯公園旁邊，這座大型的交通島讓我覺得未完工，但比較可能的是它純粹未得到維護。疏於維護與未完成，在賈雷聯手創造出廣袤且連綿不斷的廢棄景觀。

　　「另類錄影」在其《西西里未竟宣言》（*Sicilian Incompletion Manifesto*）中主張，有一現象「從西西里發散到義大利半島的其他地方，創造出一個『未竟的義大利』」，而賈雷是這一現象的「中心點」。但未完成的城區與一般景觀交融的情景，讓我想起不必來義大利就能找到曾立意恢宏之建築遠景的遺跡。站在田徑與馬球體育場高高的露天階梯看台和走道的影子裡，被埃特納火山所噴出的火山灰和火山渣覆蓋的運動場上，我想起自己的家鄉新堡也有一批未完成的混凝土走道和一段沒蓋完的高速公路。

一九六〇年代新堡有意剷平城區，將其重建為「北半球的巴西利亞」，上述兩樣東西都是這計畫所丟下的爛攤子。

賈雷提供了可見於大部分城市的某種情況的極端版，使它成為足堪引以為戒的都市計畫例子。不斷增生的未完成景觀，不只是義大利的現象，還是全球現象，而賈雷不只是這一義大利現象的中心點，還是這一全球現象的中心點。賈雷還是思考我們如何忍受城市之不同歷史時期與不斷改變之作風的理想地方。置身於曾經有權有勢之人所制定的不切實際計畫所留下的爛攤子之間，有時倒也能讓人脫離想法的框框，因為那顛覆了專業人士的城市主張；建築師、政治人物和都市計畫員都敗下陣來，無法按照自己的意思塑造地方。但如果這是個勝利，也是個空洞的勝利，因為我們全都得在碎塊斷片之間辛苦找路前進。更為深重的後果，乃是我們與地方脫節：暫時將就且未完成的家鄉，使人產生暫時且有所保留的忠貞。未竟的城市以越來越快的速度湊集局部完工就停擺的工程，使人沒機會與他們所居住的地方建立起關照、瞭解、信任的關係。

帶我參觀西西里未竟考古公園的藝術家，正試圖藉由擁抱這一脫節、混亂之感，找到能把人與地方重新連接的辦法，那辦法嶄新且艱鉅。那是個弔詭的計畫，既顛覆又保守，既嘲弄西西里治理的失敗，又暗示隱含未來主義氣息的廢墟能作為新式地理忠誠的基礎。他們寫道：「這些東西是無緣實現之未來的遺物，而它們如此眾多，因而可視為一不折不扣的建築、視覺藝術風格，代表了它們的誕生地義大利和它們的誕生時代。」未竟最終代表「西西里人和其他所有義大利人帶投機心態的慷慨」，乃至更為

令人贊嘆的，代表某些真正現代之地的發明，那些地方既是「安頓心靈與深思的地方」，也是「意識自身存在的地方，人類靈魂的體現。」

　　把賈雷的現代廢墟改名為西西里未竟考古公園，意在收回當代景觀，以使人得以在它壯觀的荒涼中找到美和戲劇性。這一主張所倚賴的廢墟美學（也見〈時間地景〉一節），看來如一組黑白照片讓人著迷，但實地走訪，很快就讓人發膩。實地看過一些由人選定的遺跡後，我開始覺得它們千篇一律，於是不再看別的遺跡。如果說我體會到參觀未完成之物會讓人興趣遞減，我也從中意識到，幾乎所有城市都變遷迅速，且由層層未完成的過去願景建構而成。

【五】
例外的空間

Spaces of Exception

不受一般規則束縛的地方，
挑戰我們的主權觀與所有權觀。

短暫成為蘇格蘭的荷蘭土地

采斯特營
Camp Zeist

52°06'35"N 5°17'47"E

　　例外的空間指的是一般規則行不通的地方。它們被人創造出來，往往是為了讓國家或族群得以在不受外界干預且在外界所不瞭解的情況下走自己的路。有時這些地方不受政府的管轄，但它們也被有意從事一般情況下不得從事之活動（例如「非常規引渡」）的政府所運用。不過，例外空間的特點不只在於道德行為的蕩然無存；它們為企業家和想創造更理想族群的社會理論家和實驗家提供了絕無僅有的機會。例外空間挑戰我們的主權觀和所

有權觀，但也逼我們去認識這兩個觀念能有多大的彈性，而采斯特營的故事正清楚說明此點。

我是在一九九九年采斯特營納歸蘇格蘭法律管轄之時，開始對這個荷蘭軍營感興趣。它自那之後屬於蘇格蘭，直到二〇〇二年才回歸荷蘭懷抱。

采斯特營於一九九九年改變法定國籍，從屬於荷蘭改為屬於蘇格蘭，以便既在蘇格蘭境內且在蘇格蘭境外審理一件案子。這件案子的審理對象是涉嫌用炸彈炸毀泛美航空 103 號班機的兩名利比亞籍男子。這架飛機於一九八八年十二月二十一日在蘇格蘭的洛克比上空爆炸。從墜機現場湊集了零碎的證物後，蘇格蘭一司法行政長官於一九九一年十一月十三日向阿卜德爾巴塞特・穆罕默德・梅格拉希（Abdelbaset Mohmed al-Megrahi）和阿敏・哈里法・費瑪（Al Amin Khalifa Fhimah）發布逮捕令。聯合國安理會通過一決議，要求將這兩名被告送至「適切的英國或美國法庭」受審。

利比亞認為不管是在美國還是英國，這兩人都可能受到不公平的審理，於是，將這兩人速速引渡的希望不久即落空。接下來十年裡，雙方達成折衷辦法：利比亞同意引渡這兩人，條件是得在中立地審理。利比亞人最初建議海牙，但最後同意在采斯特營所能提供的較安全、較專門的設施裡審理。

為了某個明確的目地將本國一塊土交給別國一事，或許不是什麼新鮮事。但大部分的著名例子，其實際情況與世人對它們的認知大不相同。例如，走訪比利時、法國境內外籍戰死軍人公墓者，有時覺得自己踏進英國、美國或加拿大的領土，但那並非事

實。這些墓園歸上述國家所有且由它們照料，但墓園的主權並不歸它們。英格蘭薩里郡蘭尼米德（Runnymede）境內，一九六四年「送給」美國的那塊含有約翰 F. 甘迺迪紀念園的土地亦然。擁有某個地方或控制某個地方，不代表那地方就是某國不可分割的一部分，儘管要分清楚這兩者的差異，有時很棘手。外國使館是典型的難題。由於駐在國不得侵犯使館且外交官不受當地司法起訴，使館成為難以明確界定之地。它們仍是駐在國主權管轄的領土，但它們被賦予眾多特許權，因而有時類似外國的飛地。許多駐外軍事基地享有類似的一組特許權。古巴的關塔納摩灣仍是古巴國的一部分，但美國有該地的永久租借權和完整管轄權。

　　若非萬不得已，國家不會輕易將土地割讓給他國。真發生這種事時，要不是出於外力的逼迫，就是有明定割讓的期限。後一類例子大部分無關乎國土的畫界，而關乎國際區的畫界，而且這些國際區的用途往往非常具體而明確。例如，一九四三年荷蘭尤莉安娜女王即將在渥太華市立醫院產下她的第三個女兒（即日後的瑪格麗特公主）時，加拿大政府決定將該醫院的婦科區指定為國際領土，以讓該新生兒得以透過父母身分取得荷蘭公民身分。在衝突區裡為軍事、外交代表團提供棲身之所和人身保護的「綠區」（Green Zone），例如巴格達十平方公里的「國際區」，則提供了更為人知且更發人深省的例子。

　　這些例子都與采斯特營大異其趣。采斯特營是荷蘭的一小塊土地，但有三年時間成為施行蘇格蘭法律的飛地。為替這件案子的審理作好準備，英國與荷蘭於一九九八年九月簽了一項正式協議，其中詳細交待了該法庭的管轄範圍。它清楚表明由荷蘭人

「提供」采斯特營供審理此案，還表明蘇格蘭法庭的所在地和其意志不得受侵犯。它甚至明訂該由誰負責處理該地的垃圾和如何支付垃圾處理費，並列出蘇格蘭法庭所得以免除的稅，包括「含在酒精性飲料、菸草製品、碳氫化合物之價格裡的消費稅。」

為保護這塊長超過八百公尺的 L 形地方，蘇格蘭帶來一千名警力。接下來得設立一新聞中心和蘇格蘭法庭、監獄，該法庭還得聘請多位法律顧問。美國國務院的法律顧問大衛・安德魯斯（David Andrews）是要角之一。他毫不隱瞞地表明，英美兩國擬出利用荷蘭土地的計畫之後，過了好幾個月才向荷蘭提及此事。他在為某學術性法律期刊所寫的文章中憶道：「我們認為荷蘭人應會答應，但擔心事洩，我們覺得等英美兩國敲定全盤計畫之後才找他們比較保險。」安德魯斯認為「讓荷蘭人答應」，乃是「我們所提出之計畫裡最難辦且肯定最重要的部分」，他擔心這一關過不了，一切都是空談。結果，誠如後來的發展所表明的，荷蘭人爽快答應。只要相關各方都很清楚，這是一時的權宜措施，荷蘭人樂於為這一棘手國際危機的解決貢獻心力。安德魯斯以冷冰冰的口吻記載道，他花了「不少時間」，但並非在與荷蘭政治人物打交道，而是為了說服荷蘭皇家空軍的人暫時放棄采斯特營的一個重要區塊。

最棘手的難題是在別國創造蘇格蘭領土之後，法律和人力物力安排方面所受的影響。對於蘇格蘭法官，不只得給予他們審案的權力，還得給予他們對法庭和采斯特營所在地的管轄權。此外，安德魯斯認識到「要一群蘇格蘭公民離開蘇格蘭大半年，並不可行。」因此，這將是絕無僅有的一種審理形式，審理時沒有

陪審團但有一組法官。這一特別的安排需要英國制訂新法配合。
於是，英國以樞密令的形式讓新法在國會裡快速通過。透過樞密
令這一立法上的漏洞，法律可以在不需經下議院投票表決的情況
下得到更改。

另一個較在地性的難題，出在一條道路上。那條路從附近的
航空器博物館通到其修理工場，途中會穿過將成為蘇格蘭領土的
采斯特營。解決辦法是架起兩道鐵絲網。這兩道鐵絲網能對博物
館工作人員打開，讓他們通過，同時向采斯特營人員關閉，使不
得通行那條路，也可向後者打開，同時向前者關閉。這兩個大門
運作順利，儘管偶爾有人困在兩道大門之間。蘇格蘭法庭發言人
理察・貝利（Richard Bailey）就有過這樣的遭遇。他告訴某位
來訪的記者：「我曾被困在裡面一次，困在兩道大門之間，當時
我心裡想的不是『我人在哪裡？』，而是大抵上在想：『這門到
底什麼時候會開？』」

一九九九年四月五日，兩名利比亞籍被告搭機押抵荷蘭，然
後坐車直接押抵荷蘭引渡聽證會會場。被正式引渡之後，兩人押
送采斯特營，由蘇格蘭警方予以逮捕。有人向他們宣讀了殺害兩
百七十人的指控，然後他們還押采斯特營。最後，經過一次上訴，
梅格拉希於二〇〇二年被判有罪，在蘇格蘭監獄服無期徒刑，但
在二〇〇七年時獲保外就醫。另一人則無罪獲釋。荷蘭收回采斯
特營，將其闢為移民拘留中心。

英美兩國政府認為采斯特營的安排收到預期的成果。它讓
嫌犯順利受審，為幾個國家解決了頭痛的政治問題，有些人並把
此舉譽為把棘手國際案子付諸審理的典範。事實已表明，把某國

部分土地短暫轉變為他國的法定領土不只可行，且能加速正義的伸張。但有許多真正參與在荷蘭境內創立這一小塊蘇格蘭土地的人，對於這類實驗能再發生或該再發生一說，抱持較懷疑的心態。考慮過涉及的龐大成本和沒完沒了的法律難題之後，大衛·安德魯斯斷言：「第三國審理並非我們所該率爾考慮的模式。」

大型的免稅藏寶庫

日內瓦自由港
Geneva Freeport

46°11'18"N 6°07'38"E

有個東西在暗自增長，不為外界所見：一個貯藏東西之地，一個附空調的保險庫，裡面擺了越來越多的值錢物。這是與當今習慣用後即丟的社會南轅北轍的地方。因為，就在消費主義吐出大量最後淪為需處理掉之垃圾的劣質小東西時，它也產生越來越多珍稀美麗的玩意兒：繪畫、汽車、葡萄酒、雕塑等等，得拭去塵埃、拍照、編目分類以賦予價值並永久保存。這類值錢東西或許曾被塞進上層人士家裡，但如今，他們所擁有的這類東西太

多，已不再考慮往家裡擺。有錢人與他們所迷戀之物間的關係也已不同以往。如今他們買下它們時，把它們當投資，當成資產組合裡不可或缺的一項。

日內瓦自由港是儲藏寶物的大型高級倉庫。從外面看，它是棟平凡無奇的白色混凝土大樓，四周為灰色馬路和灰色停車場所圍繞，但它或許是地球上最值錢的建築。自由港裡，光是藝術品的總價值，據估計就達一千億美元。除了藝術品，還有擺放在保險庫和幾個樓層的其他珍稀物品。例如三百萬瓶葡萄酒、停放在數層車庫裡值數百萬美元的汽車，乃至一整個房間的雪茄。保險庫裡安置了為數不多的保管人員和庫藏清點人員，那是個寂寞的工作，往往要這些專家關在保險庫裡大半天。藝術品專家西蒙‧司徒德（Simon Studer）談到曾被關在一間藏有數千件出自畢卡索之手的素描、繪畫、雕塑的房間裡：「我要檢查尺寸、狀態、尋找簽名，務使藝術品得到應有的評估。」他這麼告訴《紐約時報》。他最後才弄清楚，隔壁傳出的敲擊聲來自另一位在計算金條的閉門工作者：「你不清楚隔壁有什麼東西，然後，他們打開門時，你正好在門外，突然間就清楚了。」

自由港是讓貨物能在免徵關稅或其他稅的情況下進出口的地方。它們問世於中世紀，長久以來一直有助於貿易的流動，但過去從未被人拿來儲藏值錢物品。一八八八年，日內瓦州的州議會投票通過設立自由港。當時它著重於存放較尋常的物品，且只短期存放。但對於有意利用該國免稅設施的外國人的隱私，瑞士有著他國所沒有的尊重，因此之故，瑞士很快吸引來一批利基客戶。到了二十世紀末期，以高價值物品的買賣為基礎的新一類全

球投資體系問世，而日內瓦自由港已是公認該投資體系的全球最重要倉儲所。在日內瓦自由港裡，藝術作品買賣不需繳交任何種類的交易稅，因此它實質上的作用如同交易館。十八世紀前歐洲大畫家的作品，不需從架子上拿下就能易主。

日內瓦自由港的保險庫，能從只具抽象價值的文化性手工製品裡變出更多交易價值。這一點石成金般的本事，有賴於這一自由港的國際吸引力之大和國際業務範圍之廣。營運這一自由港的日內瓦自由港與倉儲所公司（Geneva Free Ports and Warehouses Ltd），有數年時間一直利用它不受政府管轄這一理念。他們得意表示它是「位在歐洲心臟地帶不折不扣的離岸基地」。對此自由港的某些描述，甚至讓人覺得它是某種自治小國，安穩座落在有著牢固之中立地位的瑞士國裡。日內瓦自由港長久以來把自己說成是外人所管不到之地，因此，有人這麼覺得，乃是可以理解之事。一九九五年九月十三日，瑞士、義大利警方聯手查抄第十七走廊的第二十三室，戳破這一假象。他們在那房間裡發現四千件遭劫走的義大利古物。義大利籍交易商賈科莫・梅迪奇（Giacomo Medici）最終被判有罪並入獄，而瑞士人則在同時決定該替日內瓦自由港的形象重新鍍金，儘管他們做起這事慢條斯里。直到二〇〇九年，他們才要求該自由港交出完整的庫藏清單和所有權歸屬明細。

這一追求絕對誠實的新體制，未嚇走顧客，反倒使日內瓦自由港更具吸引力。許多人需要不受本國稅務機關騷擾且完全合法的地方來儲存物品，這一需求，加上日內瓦自由港內完全合法的交易，正可帶來豐厚的利潤。精明的會計已使有犯罪之虞的規避

手段成為昨日黃花。

　　投資集團英國美術基金（British Fine Art Fund）的尚─勒內·賽雅爾（Jean-René Saillard），為日內瓦自由港的公眾利益公開辯護，解釋道「藝術品所有者有充分理由大方外借。他們所擁有的藝術品被享有盛名的機構曝光時，那些作品的價值自然上漲。」但這個辯詞薄弱，且傳達了與其本意正相反的意思。它間接表示通過日內瓦自由港大門的藝術品，都是為了獲得更多的現金價值而來。它也暗示美術館和藝術博物館的角色，應是滿足提供免稅儲藏和免稅交易場所的需要。二十一世紀看來註定是儲藏世紀。藝術品會偶爾裝上車，運到外面，在儲藏所之外的公共空間展出。但隨著儲藏設施日益受歡迎，這一偶爾才得一見的公開展出之舉開始被合理化。日內瓦自由港已開始發展其展覽空間。藉此，藝術品能取得價值，又不必擔心失去或受損。免稅倉儲所占盡地利，儼然欲成為二十一世紀最重要的展示空間。

　　日內瓦自由港經營非常成功，但可能不久後就會因其他同類機構的成功而相形失色。如今，越來越多西方及東亞城市，出現許多倉儲設施，為全世界大量的值錢物品提供存放場所。這些位於都市的儲存設施，如今是尋常都市景觀的一部分；供奉無價之寶和獨一無二之物的單調混凝土神廟。藝術品免稅儲存設施成長最大的地區是東亞。新加坡的藝術品自由港（Art Freeport）於二〇一〇年開始營運；設於北京首都國際機場，占地二十英畝的北京文化保稅園，二〇一三年開幕。

　　倉儲業的日益蓬勃，挑戰了當前是虛擬時代、實體物件越來越無關緊要的看法。金錢在電腦螢幕間流動，完全不占空間，但

倉儲文化已發展出自己的力量和生命，使人得以進行越來越多的保存、清理、清點庫藏，且要求越來越多這類工作。倉儲文化還在初萌期，且倉儲對象不只藝術品，還包括所有高價品。此外，就可積聚的東西來說，似乎不會有多到爆表的一天，因為在地下或空中有太多空間。或許有一天，值錢物品會被認為有生命周期，但我們還無法想像那一刻：絕無僅有的珍稀汽車被壓扁或珍貴藝術品被放火燒掉的那一刻。在那之前，我們會建造更多「自由港」，更多儲存空間，更多架子，更多保險庫，來存放我們的寶物。

美國中情局的秘密訊問拘留所

布加勒斯特穆雷斯街四號「明光」
Bright Light, 4 Mures Street, Bucharest

44°28'04"N 26°02'45"E

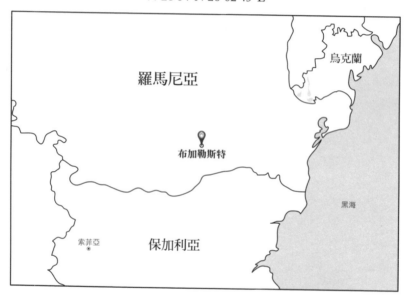

　　穆雷斯街（Mures Street）四號是棟有許多大窗的黃白色平房，是個建造成本低廉且相當破敗的一九六〇年代建築，看來不是特別穩固。它座落在布加勒斯特東北區一條布滿塵土的住宅區街道上，其前面有樸實無華的金屬欄杆，後面有棟同樣漆了該市招牌色的更大建築，那棟建築後面則是鐵軌。穆雷斯街四號看來像是個官員做事拖沓而雇員看錶等回家的地方。

　　二〇〇三年底至二〇〇六年五月，穆雷斯街四號有個化名

「明光」（Bright Light）。那是美國中情局所取的化名。它是祕密的訊問、拘留所，是所謂的「黑場所」（Black Site），在「反恐戰爭」期間所用的一連串國際祕密拘留地和中途補給點之中充當環節的角色。對那些被拘留在那裡的人和對世上其他人來說，「明光」並不存在，它是個「非地方」（non-place）。我們基於兩個理由把這類地方稱作非地方：因為這些地方是沒人注意的空間，因為它們令受囚者無比困惑——即使拿掉頭罩，瞥見其景觀，它也不代表什麼，它可能是任何地方。對於「非常規引渡」的地理學特別感興趣的史丹福大學人類學家布魯斯・歐尼爾（Bruce O'Neill），即看出這其間的邏輯關係。在《民族誌》（Ethnography）期刊中，他主張祕密拘留所似乎「在非地方如魚得水」。它們在這些空蕩蕩區域成長、繁殖，因為沒人關注它們：它們是「普通且具高度功能性的空間，我們穿過那些空間，卻未與它們建立重要的社會性或歷史性關係。」歐尼爾最後說道，它是「不受我們認真關注或觀察」之地，「為某種新一類營地提供理想的基礎設施營造場地」。

穆雷斯街四號的易遭遺忘和不被發現等特質，還有許多無窗的房間，使它成為國家權力祕密伸展的理想地方。這棟房子，當時一如現在，歸羅馬尼亞國家機密資訊登記處（Romanian National Registry for Classified Information）所有。「該建築曾供美國中情局作為監獄使用」一說，被某發言人斥為「媒體猜測」，予以「斷然否認」，而且羅馬尼亞外交部長已確認，「沒有這類活動在羅馬尼亞領土上發生過」。

但德國媒體，特別是《南德日報》（Süddeutsch Zeitung）

和德國公共電視台 ARD，不只是發出猜測之語。他們採訪過曾被拘禁該地者和中情局探員，訪談內容詳細交待了「明光」。記者已能擬出這個建築群的平面圖，並披露曾被拘禁該地者的名字和他們的遭遇。他們查出後面那棟建築的某個地下室裡，有六個特別設計過的囚室。每個囚室都建在彈簧上，其用意似乎是讓被囚者時時刻刻感覺失衡，從而失去方向感，但諷刺的是這些囚室也在地板上畫了一個箭頭，指出麥加的方向。

「明光」被用來關價值特別高的犯人，包括被控籌畫九一一攻擊的哈利德・謝赫・穆罕默德（Khalid Sheikh Mohammed）。他先被關在這裡，再移到關塔納摩灣。曾被囚禁於該處者，還包括被控在葉門攻擊美國軍艦柯爾號的阿卜杜・拉辛・納希里（Abd al-Rahim al-Nashiri）和蓋達組織（Al Qaeda，阿拉伯語「基地」之意）的第三把手阿布・法拉吉・利比（Abu Faraj al-Libi）。利比認出奧薩瑪・賓拉登的個人信使，從而使美國靠這情報找到賓拉登落腳處。

中情局訊問人員在穆雷斯街四號短暫居留期間，吃睡在這個圍院裡，與囚犯關在同一建築。二〇〇七年，國際紅十字會以待過「明光」的這類「高價值」囚犯所受的對待為題，發表了一份報告，報告中詳細說明了欲透過羞辱兼失向的手段瓦解他們意志的這種「相當標準化」的程序。移送時，囚犯「會被要求穿上尿布和田徑服」，該報告表示。「雙耳會戴上耳機，有時會有音樂從耳機傳出。囚犯會被矇住眼睛，至少用一塊布纏住頭，加上黑色眼鏡。」抵達「明光」之類的訊問中心後，「囚犯始終處於單獨囚禁和不與他人接觸的拘禁狀態」，意味著許多囚犯不清楚自

己置身哪個國家。囚犯與外界隔離，往往一隔離就數年，不知道自己置身何處，因而無法對自己遭拘禁的時間給出前後連貫的敘述。

「明光」之事傳開之前，歐洲委員會（Council of Europe）某份報告就推斷，「從二○○三至二○○五年，的確有中情局管理的祕密拘禁設施存在於歐洲，特別是波蘭和羅馬尼亞境內。」兩年後，《紐約時報》查明，中情局設在法蘭克福的歐洲總部在東歐監造了三個拘禁設施，「每個設施都為安置約六名囚犯而建，」其中一個位在「布加勒斯特某條繁忙街道上一棟翻修過的建築裡」。

穆雷斯街四號建築不致讓人起疑，不只是因為它的平凡無奇。一如羅馬尼亞境內其他許多官方建築，它曾被羅馬尼亞的祕密警察機構「國家保安部」（Securitate）使用。羅馬尼亞人深知該離這類建築遠遠的。國家保安部已於一九八九年解散，但它已影響羅馬尼亞社會四十年，在其權勢最盛時，有職員兩百萬人，即羅馬尼亞人口一成。在西歐，羅馬尼亞國家保安部不如東德的同性質機構「史塔西」（Stasi）那麼惡名昭彰，但羅馬尼亞人對保安部隊的權力之大記憶猶新，一度有十八萬強制勞動者受他們監管，還有一百一十萬政治犯被他們關在一百二十多個拘留營裡。羅馬尼亞的勞改營時代已過去，但那段時期留給這國家具體可見的基礎設施和無形的文化影響，留下眾多祕密拘留營，使民眾對沉悶乏味之官方建築裡所發生的事變得漠不關心。要理解無法觸及之地、舊規則和舊認同可被打破或遺忘的非地方是什麼樣的地方，穆雷斯街四號建築是絕佳例子。

但我們聽到這類地方的消息時，它們通常已消失許久。「明光」關閉數年後，它的故事才公諸於世。在某個祕密拘禁事例受到全球關注時，另有數千個拘留營和數百萬個囚犯更深的湮沒於歷史。在許多國家，這類「例外空間」繼續擴張。二〇〇九年，印度雜誌《一週要事》（The Week）透露，情報機關在印度境內管理十五至四十個祕密拘留營。二〇一二年，中國政府通過一項新法，讓警察自此有合法權力做他們先前已做了數十年的事：將拘留者關在祕密地點。據估計，如今在北韓境內有十五萬至二十萬政治犯被關在數十個祕密拘留營。這類非地方沒有窗戶，未標示在地圖上，已成為似乎幾已沒有其他共通之處的諸政權的統治利器。

頭頂上的這片天空該屬於誰？

國際空域
International Airspace

　　人自然而然以陸地為中心：我們對陸地上的地方很有興趣，但對海洋下面的景觀所知甚少，且幾乎總是把空域視為只是途經而不停留的虛空。從我們肺裡的氣，到我們頭頂上直至一百公里的高空，再到大氣層邊緣，空域是既密切又永遠陌生的地方。

　　它屬於誰？真有地方是百分之百自由的嗎？無論如何，我似乎在無意間買到一些，因為，在英國，只要擁有某塊土地，就自然也擁有該塊地下面的土和上空的空間。曾在英格蘭普通法裡被奉為圭臬的財產法古原則，寫道「Cujus est solum, ejus est usque ad coelom et ad inferos」，即「凡擁有土地者，從該地往上直抵天堂，往下直到地獄，都是他們的」。如今，若照這原則行事，會引來那時所料想不到的問題，比如屋主向飛機和衛星要過路費。因此，這一古代權利已遭廢除。人有權利擁有的空域，就只有人「使用與享受」自己土地時被認定不可少的空域。那仍讓人可以出售自己地產上方的開發權，即「空權」。如果想在別人地產上方蓋東西，可以購買那人未使用的空權以一償所願。在曼哈頓之類擁擠的島上，空域奇貨可居，每平方英尺空域的買賣價可達數百美元。

　　地產所有人的權利縮水，主權空域則膨脹。事實上，就是二十世紀開始時熱氣球飛行的驚人暴增，使政治家首度關注這議題。一九一〇年在巴黎舉行的一次大會上，十八個為這一新式交

通工具憂心的國家齊聚一堂，商討如何管控空域。法國人想要有完全不設限的天空，但英國人想擁有完整的國家主權。會中未達成一致意見，但不久後，需要保衛天空防止外人入侵的觀念就占上風。一九一一年英國航空法（British Aerial Navigation Act）讓英國得以向帶敵意的航空器關閉本國空域。二十世紀是個竭力把空域當成國家領土的延伸來予以畫界的時代，而上述英國航空法就是說明這一時代的早期例子。

如今，國家領空只往海上延伸十二哩，從而使世上仍有許多空域未被人宣告為己有。一如公海，國際空域對所有人開放，但行使那一權利，例如在飛機中行使那一權利，一點都不單純。問題在於，根據國際法，你其實從未逃出你的航空器掛籍的地方。換句話說，如果你的飛機在挪威註冊，即使你人在中太平洋斐濟與大溪地之間的上空，你仍在挪威境內，得遵守挪威法律。這一規定也意味著，在飛機上出生的嬰兒，有時會成為該飛機掛籍國的公民，有時則成為父母所屬國籍的公民（視不同國家的法律而定）。但事實表明，關於這名新生兒的國籍認定，可能會有相對立的主張。如果你是在外籍飛機飛在美國上空時出生，且你父母非美國籍，你仍能要求取得美國公民身分。

公海上方的空間雖然不易進入，卻是自由空間，且仍未被誰宣告為己有。也有可能的情況是，如果飛得夠高，所有的國家主權聲索都不再適用，因為「往上直抵天堂，往下直到地獄」這一傳統原則將意味著，隨著地球自轉，圓錐形的立體主權空間會循著弧線橫越眾多星系，因此，領空必須有個界限。事實表明，這成為法律界所盡可能不要觸及的難解主題，因為針對領空上界

該位在何處，律師界已爭辯了數十年，至今未休。有人說航空器得不到足夠飛行所需的氣動升力之處，就是領空上限所在；另有人主張「讓繞軌飛行器得以完成一次環行」的高度，就是領空上限所在。這些界限仍然不明確，從地球上空四十三哩到九十九哩不等。而就連那個距離，對某些國家來說，都嫌不足。八個赤道國家根據一九七六年波哥大宣言，聲稱其主權範圍及於兩萬兩千三百哩的高處。那是偵察衛星活動區，也是地球同步軌道區。在這個區域，衛星運行軌道與地球自轉同步，使衛星得以靜止不動於某國上空。但波哥大集團的主張不受歡迎，原因之一是它違反了太空是我們「共同遺產」的觀念。

　　爭辯仍未休，但在這同時，我們可以相當篤定地認定，在各國上空高處，在下大氣層和外太空之間，有許多空間不在國家管轄範圍內。由於這些空間，加上公海上方的所有空域，地球大氣層的稀薄邊緣區，看來大部分不在國家或私人控制範圍。

　　那麼，如果把我們上方的空域視為可去的地方，甚至可能的話，視為可住的地方，我們要如何處置那空間？空中城市的構想吸引建築師已有一段時日，天馬行空的建築師更已規畫了一些這樣的城市。最早期的計畫中，有一些出自反文化建築師團體「建築電訊」（Archigram）之手，該團體所規畫的「速成城市」（Instant City）為整個靠氣球和直昇機吊在空中的城市，城裡的居民想去哪裡，氣球和直昇機就會把這城市移到那裡。這樣的地方能輕易躲開國家領空。已有其他建築師進一步拓展這一構想，最晚近的作法乃是把重點放在使城市懸在空中上，而非遷徙城市上。滿腦子奇思異想的建築師莉亞·畢佛曼（Leah Beeferman）

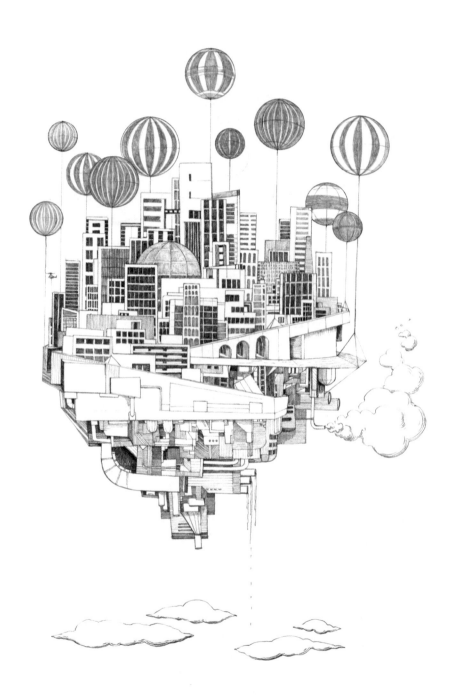

構想了某種分散式的空中共和國：「直昇機本身可被解放，以讓它們形成自己的城市——一個永遠懸在空中，在地球大氣層裡漂泊的空中烏托邦。」

　　對畢佛曼來說，這一「直昇機群島，亦即飛行的列島」，將是「逃離傳統民族國家主權的出口」。它會徜徉於國際空域：這個「群島將不可能標示在地圖上。地圖冊的製作者和地球儀製造商會乾脆貼上一些可移除的標籤，以大略標示這一國家的所在位置，標籤上會有小群直昇機圖案。」可想而知，自由空域的構想讓我們樂不可支。空中雖是奇怪且陌生的環境，卻是人馳騁其不切實際之幸福幻想的自然場域。

無用的畸零土地

訂口空間
Gutterspace

　　一九七〇年代初期，概念藝術家戈登・馬塔─克拉克（Gordon Matta-Clark）買下紐約市內多塊位於建築之間的畸零地，並以指稱書籍左右兩頁中間空白處的「訂口」（gutter）一詞，將它們叫作「訂口空間」（gutterspace）。其中大部分畸零地只有幾呎寬，但往往數百呎長。它們是都市計畫過程中留下的無用土地，被紐約市府拿出來拍賣。馬塔─克拉克買下十五塊這樣的地（十四塊在皇后區、一塊在史塔騰島），接下來幾年期間，他拍照、收集與他所購得的每塊新土地有密切關係的地圖、地契及所有官方文獻。

　　這些訂口空間大部分是曬不到太陽的小巷；它們藏在建築之間，予人見不得人、憂鬱的感覺。馬塔─克拉克對它們感興趣，似乎正是因為它們被宣傳為「無法進入」。接受某次採訪時，他解釋道，擁有「不會被看見且肯定無法被占用」的空間，其中的弔詭之處，正合他的心意。但第十五號地「牙買加緣石」（Jamaica Curb）不是這樣的地：它是狹長的人行道邊緣，位在明晃晃的陽光下，一塊能進入且似乎公共的空間，一塊在法律上和商業上都透著古怪的顯眼之地。馬塔─克拉克拍了二十四張它的照片，用它們構成一件三點五公尺長的拼貼藝術作品。

　　馬塔─克拉克於一九七八年三十五歲時去世，留下他未竟的工程，即他所謂的「假地產」（Fake Estates）。那時它已成

為燙手山芋，主要因為那些地全得繳稅。那些地，他只用一塊地二十五美元的價錢就買到，卻得年繳七或八美元的稅。他死後，地回歸市府所有。但馬塔—克拉克的遺孀珍‧克勞福（Jane Crawford）收集他雜亂堆放的書稿，並把它們整理得井然有序，過去二十年，以它們為核心，推出了展覽、書籍和巴士觀光行程。「假地產」已成為新一代心理—地理學藝術家的試金石。

凡是曾緊張盯著鄰居立起圍籬的人，都很清楚幾吋土地有多重要；畢竟沒有多少人會把頭探出窗子，很客氣的對鄰居大聲說：「沒事，沒關係，想立在哪就立在哪。」「假地產」有其令人不知所措的美，但馬塔—克拉克認為他是在針對我們對私有財產的執念，提出歸謬法式的批評。帕米拉‧李（Pamela Lee）針對他的作品寫了部專著《待摧毀的東西》（*Objects to Be Destroyed*），並在此書中提及馬克思的以下主張，藉此說明他的動機：「私有財產使我們變得非常愚蠢且狹隘，因而當我們擁有某物時，當它以資本的形式為我們存在時，它才歸我們所有。」馬塔—克拉克那些無用的土地，意在動搖我們對土地擁有天經地義一事的看法，而且在某一方面的確辦到了。但它們也起了相反的作用，因為它們提醒我們，擁有土地這觀念其實多麼深入人心。正因為這種擁有欲如此平常，「假地產」才如此奇異地打動人心。馬塔—克拉克的訂口空間點出世人普遍的一種渴求，希望獲得能稱之為自己所有的一塊土地，不管那塊土地多小。

馬塔—克拉克收集零碎土地之舉，也善用了我們所非常熟悉的條理化、標籤化美學。事實上，就在他進行他的概念性活動的約略同時，另一位紐約人，名叫傑克‧加斯尼克（Jack

Gasnick）的五金行老闆，也在做著非常類似的事，且做此事時毫無政治意圖。當時，他已因為「地下室釣魚」（他聲稱在流貫他地下室的溪流裡抓到一隻三磅重的鯉魚）和他店裡那顆世上使用最久的燈泡（一九一二年首次啟用）而小有名氣。加斯尼克把買進訂口空間當成嗜好。一九九四年受《紐約時報》的康斯坦絲‧海斯（Constance Hays）採訪時，他解釋道：「那就像集郵，」還說「一旦迷上，就是迷上……我想要沒人要的。」

加斯尼克收集的訂口空間最後達到二十八個，以每個五十至兩百五十美元的價錢買下，而他最鍾愛的一個是路易斯‧阿姆斯壯（Louis Armstrong）於皇后區科羅納（Corona）住家後面的地。但加斯尼克有許多條狀地和方形地，包括某非裔美國人墓地的局部和長了一棵蘋果樹的地。加斯尼克與這些小塊地的關係是收藏家與收藏物的關係，但他也從有助於實現個人抱負的角度來思考它們。他說：「我從收藏花盆到蘋果樹的這一遽然轉變，證明了一件事，即對一個住公寓的人來說，擁有自己應得的一份好環境，花不了太多錢。」他對他蘋果樹的用心，更別提對另一塊地裡那棵橡樹的用心，反映了加斯尼克對他那些迷你地真摯的鍾愛。海斯寫道：「加斯尼克先生一弄到一塊地，即花上數個週末開車去那裡清理。」她說加斯尼克「那些地周邊的鄰居變動頻繁，但他不斷去那些地巡查，使他的地沒有垃圾堆積，不管是空咖啡杯還是廢棄的汽車都沒有。」一九七〇年代晚期，加斯尼克開始覺得吃不消這些地的維護工作，於是它們不是被冷落（「有些地我根本忘了。」），就是被賣掉，賣價往往只比他當初的買價多一點。其他地則送給社區園林化組織。如今九十多歲的他，死守

著最後一塊地，那是受大眾喜愛的野餐地點，可讓人從史塔滕島一覽港灣景致。

仍有零碎小地在求售。為佛羅里達州布勞沃德郡（Broward County）效力的克勞迪奧·馬尼科內（Claudio Manicone），一直努力在銷售一處人行道、一條小巷和一條河。他把此舉視為收拾雜物：「就像不管做了什麼，都會有東西剩下。就像用木頭建東西，會有沒用完的木頭。」賣這些地的公司偶爾碰到別有用心的買家，例如在棕櫚灘市，有個男子買了一小段市立運河，心想這將使他得以控制水的供應（他不久就明白那只是空想）。但大部分情況下，人們對這些地方感興趣，遠沒有這麼理性的算計。

馬塔—克拉克使他那些畸零地不再沒沒無聞，使它們登上地圖。那始終是個帶有反諷意味的成就，因為它們仍是「假地產」，真實但沒價值。但即使如此，仍不難理解為何會有人想要它們，特別是在大部分人覺得若有個大到足以好好坐在其中的後花園是件幸事的城市裡。而我認為我理解為何加斯尼克欣喜於收集到那些地。有錢人以擁有廣闊的地產為樂，那麼一般人從擁有幾吋寬的草地上得到樂趣，又有什麼奇怪？如果有人對你的行徑感到困惑，你每次都可向他們解釋，你那小得不能再小的地產是對資本主義的批判。他們肯定會心領神會。

自給自足的理念村

豐饒村
Bountiful

54°20'00"N 81°47'15"E

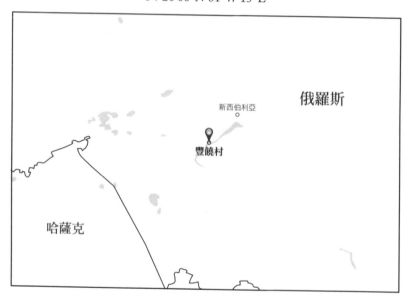

　　地方與福祉之間的關係，似乎已內建在人腦裡。要過上較好的生活，就要找較好的地方住，不足為奇的，那些想逃離工業文明，打造完美社會者，其最主要的作為就是創造一新式地方。這一曾讓人聯想到嬉皮公社的烏托邦衝動，已擴散並多樣化，如今世上有多種形形色色的「理念村」（intentional community），且在注重生態保護和講究自給自足、不倚賴水電等公用事業服務的村落裡，理念村擴張最為快速。在英語系世界裡，有數千個這

樣的地方，但我要講的例子來自鄂畢河岸。它位在莫斯科東方兩千八百公里處，西伯利亞最大城新西伯利亞（Novosibirsk）西南邊約一百零五公里處。

欲逃離都市生活、建造烏托邦的念頭，在俄羅斯並非今日才有，但過去幾十年，在蘇聯瓦解和許多城鎮已然社會解體之後，新一代人收拾行李奔入森林，例如如今住在沿著一條泥土路往下走三公里可到之豐饒村的十六戶人家。

把地方與烏托邦之間的密切關係視為理所當然，似乎帶著矛盾。烏托邦是湯瑪斯・摩爾所造的希臘語新詞，用來指稱「烏有之地」，以與那些必然有著多到令人沮喪之不同歷史、理念、人們真實存在之地相對。烏托邦是個理念，其中暗示著烏托邦這樣的地方絕不可能運行。但欲啟建這類地方的念頭到處可見；許多尋常城鎮和郊區市鎮最初都以理想聚落自居。在這類意圖和打造地方（place-making）的現實面之間，存有一種能帶來正面結果的牴觸。那牴觸既削弱烏托邦的純粹主義，但也激發新的烏托邦計畫。

在俄羅斯，出現了正被稱作「俄羅斯之綠色出走」（Russia's Green Exodus）的新現象，豐饒村則是這一新現象的一部分。已有數百個生態村在森林裡創立，創立者往往是受過教育的專業人士，欲擺脫他們眼中現代俄羅斯之腐敗與會腐化人心之本質。許多生態村師法二十世紀頭幾十年所創立，卻被蘇聯集體化政策拆除的無政府主義—基督教聚落和托爾斯泰式聚落，以及同樣受到蘇聯迫害的亞歷山大・恰亞諾夫（Alexander Chayanov）所提倡的小型農業合作社。「綠色出走」紛殊多樣，無法用簡單幾句

話概括，但它往往具有一個特點，即渴盼一個更純粹、更親切、更道地的俄羅斯。

豐饒村是名叫安娜絲塔西亞運動（Anastasia Movement）這個生態─性靈教派的一部分。這個教派以佛拉季米爾・梅格雷（Valdimir Megre）所寫的九本書為理念核心。他在這九本書中聲稱，他於一九九四年在鄂畢河岸遇見一位名叫安娜絲塔西亞的美麗少婦。他說她的父母於她出生後不久雙雙去世，她「自那之後就自己照料自己，只有她祖父、曾祖父和多種『野生』動物保護她。」安娜絲塔西亞向梅格雷透露了某種「生態─文化」哲學，在這一生態─文化裡，「每個人都在履行其身為帶神性的共同造物主的角色」，她還告諭他：「每個人都有權擁有一小塊地來種自己吃的東西、蓋自己住的房子、養自己家人，而不必繳稅。」

事實證明這一理念出現得正是時候，因為俄國政府正急於將土地所有權私有化和多樣化。種自己吃的東西和照料自己擁有的小塊土地，在俄羅斯大為盛行，一九九九年時有人估計，俄羅斯七成一的人口擁有土地且把土地拿來耕種。二○○三年，即豐饒村創立那年，「私人園圃法」（Private Garden Plot Act）讓俄羅斯公民有權取得一至三公頃的免費土地。安娜絲塔西亞運動的成員極看重俄羅斯總理德米特里・梅德韋傑夫的以下主張：「像我們這樣的國家，面積如此遼闊，把所有人集中在城市裡，沒有道理」，「疏散更有益於我們的健康和國家」。

安娜絲塔西亞運動的理念也與俄國境內文化保守主義的興起合拍。這一運動對傳統家庭價值的強調和對俄羅斯工藝、家庭料理的尊崇，正符合時代的歸趨。在豐饒村，廣達一公頃的每個家

宅，都只能傳給下一代，不能出售。與「綠色出走」所催生出的某些較偏嬉皮風的村子不同，這是個存心在過去裡找到其烏托邦的地方，而且這一尋找帶著懷舊心態。

　　但這一懷舊心態之中，存有拾回那段集體主義與相互照顧的歷史的意念。每戶人家協助其他人家和新來者。原是物理學家的瓦列里・波波夫（Valery Popov）的家人，教新來者建造原木小屋。姓納傑日金（Nadezhdin）的另一戶人家，原是牙醫專業人士，搬來豐饒村後，以麵包烘焙為業。音樂教師克拉夫迪婭・伊凡諾娃（Klavdiya Ivanova），製作俄羅斯傳統衣裳。這些本土技藝，連同振奮人心的故事和教人如何重拾較健康、較俄羅斯之生活方式的生活指南，同在豐饒村完善的網站上得到強調。豐饒村主要居民之一的德米特里・伊凡諾夫（Dmitry Ivanov），原是海軍軍官，來此後幫人裝設小木屋的爐灶。他解釋道：「祖國就是教我們和諧共存的東西。」儘管有種種「新時代」（New Age）的措詞，這是個湧動著欲重新依附真實之俄羅斯的愛國精神的地方。

　　事實表明，拾起俄羅斯的傳統價值觀，並賦予那些價值觀以性靈的、環境保護論的內涵，很能打動人心。如今，安娜絲塔西亞運動聲稱其在俄羅斯全境擁有超過十萬名已登記的行動主義者和八十五個村子（光是在新西伯利亞地區就有四個安娜絲塔西亞村），其中有些村子比豐饒村大上許多。但事實也一再表明，要把地方與烏托邦兩者混在一塊，絕非易事。首先，安娜絲塔西亞的哲學並未受到人人尊崇。事實上，據伊凡諾夫的說法，「那並沒有那麼重要」，而且豐饒村在自搞自的。「比較重要的是我們

選擇了我們正在走的路，不管那是否是梅格雷的路。」

　　一丁點古典地理學知識，就能助我們瞭解烏托邦式地方如何維持其內聚力。地理學家探究聚居地誕生的因素時，喜歡找出「推力和拉力」因素。豐饒村具有強勁的拉力：諸位領袖和把人吸引進來的一種意識形態。但驅使人離開傳統地方的強大推力似乎同樣重要。聽豐饒村村民的受訪內容時，我們在何種因素驅使他們遠離城市和「體制」這個問題上，一再聽到同一個說法。伊凡諾夫接受一來訪的特約記者採訪時解釋道：「我一輩子都是這體制的一部分。入學讀書，然後當個大學生，再來當個忠貞的軍官。」但這體制辜負了他，「這體制在我眼前瓦解，被商人，被偷竊者，被腐敗得離譜的經理人毀掉。」有位年輕媽媽說，豐饒村致力於打造「我們未來的小孩，以使他們比我們更『真』。」奧爾迦·庫馬尼（Olga Kumani）住在位於附近阿斯卡特（Askat）的某個生態公社，她說起二〇〇二年如何辭去在新西伯利亞的犯罪新聞記者工作：「我在這城市裡無法呼吸；國家體制讓我窒息。」但搬入這個公社並未解決問題：「公社領導人只想控制我們的錢，利用我們工作。」於是推力繼續作用，驅使奧爾迦遷到這一廣大地區的更偏遠地方。

　　使烏托邦屹立不搖的因素，不只是對完美地方的憧憬，還有在惡劣地方的生活經驗。諷刺的是這些惡劣地方往往原是理想之地，它們的不如人意促使人赴他地尋找更完美的地方。但豐饒村也表明，對烏托邦的追求能迅即成為可行的計畫；隨著意識形態上的純粹主義敵不過尋常的需求，它既能帶給個人實實在在的好處，還能提供具體的社會改變例子。如今，烏托邦的「烏有之地」

有數千個邊遠分部，其中有些是過去之希望的殘餘物，另有些是新近所創立，但都彰顯了人的一種強烈且弔詭的渴望——對逃離與歸家的渴望。

希臘東正教的隱修院半島

聖山
Mount Athos

40°09'32"N 24°19'42"E

　　聖山是伸入愛琴海的半島，長五十公里。半島沿岸有二十座希臘東正教的隱修院，隱修院築有高牆和角樓。大部分隱修院已有一千多年歷史，其厚重的防禦設施和高聳的塔樓千百年來保護隱修院，使海盜無法近身。這座半島上也座落著中世紀城鎮凱雷斯鎮（Kayres）、達夫尼村（Daphne）和許多小禮拜堂、上古廢墟。它充滿原始野性，地形高低不平，只能搭小船抵達，山脈構成半島的脊梁，南端的高山海拔超過兩千公尺。

　　對我來說，它並非沒沒無聞之地，但對讀者諸君來說可能就是。有種地方以排斥外人為特色，聖山就是這類地方的極端例子。女人不得登岸，甚至好奇的女性觀光客都得待在離岸至少五百公尺的海上。如果她們上岸，會被下獄兩個月至一年。不僅女人不准上岸，所有雌性動物亦然。少數例外之一是雌貓。據僧侶的說法，聖母馬利亞的神意，把雌貓「提供」給他們，以抑制害蟲。只有成年男子和「有父親陪同的年輕男性」有機會上岸一訪。

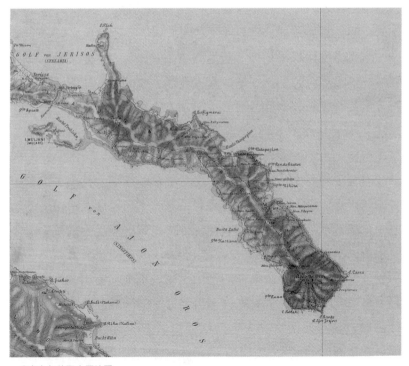

一八九九年的聖山區地圖。
© Military mapping authority of Austria-Hungary, WIKIMEDIA COMMONS

　　追求只有男人的宗教地這心態，或許顯得與時代脫節，但聖山的故事顯示，這一渴求極為強韌。據傳說，上帝把聖山當成一座聖園送給聖母馬利亞。她前去賽浦路斯拜訪拉撒路途中，暴風雨把她和她的旅伴——福音書作者約翰吹上這個半島的東岸。他們登陸之處附近，有座供奉阿波羅的異教神廟。如今，神廟所在地座落著伊維隆（Iviron）隱修院。據說那些「異教偶像」向當地人大喊，要他們下來向馬利亞致意，他們照辦，隨之揚棄他們的舊作風，改信這個新宗教。馬利亞驚嘆於這個區域的美麗，祈求上帝把它賜給她。上帝對她說道：「就讓這個地方成為妳的地，妳的花園，妳的樂園，以及救贖之地，想得救者的庇護所。」

　　聖山供奉聖母馬利亞，該地的諸多聖像，大部分是她的像，但這裡仍是男人的聖所。禁止女人登臨一事的合法性遭質疑時，有人主張必須將該半島三百三十五平方公里的全境視為一個大隱修院。奧地利政治人物瓦爾特・施維默（Walter Schwimmer）是支持聖山規定的俗界人士之一。他在最近某場以聖山為題的國際研討會中解釋道：「如果把聖山二十座隱修院視為單一實體，聖山禁止女人進入一事就毫無不尋常之處，只是個眾所接受的規定。」施維默的主張建立在空間排外仍是眾所接受的宗教生活之一環上，從而更加突顯這一現象。偶爾，受此衝擊最大者乃是非信徒。世上兩個最多人造訪的地方，麥地那中心區和麥加，也是最不易進入的地方：非穆斯林不得進入。摩門教教堂和許多印度教神廟也禁止非信徒進入，但這種對信仰的看重是例外而非通則。在宗教地的進入規定上，通常關鍵在性別，而非信仰本身。除開某些經過改革的基督教、猶太教教派，世上各大宗教都對

女人的存在深感不安。直到不久之前，女人還被禁止進入天主教某教堂的聖壇區，穆斯林與印度教的普爾達（purdah）傳統使數百萬女人只能待在深閨不能拋頭露面，或得隔著面紗的「保護」窺看外面世界。在尼泊爾某些較偏遠的印度教村子，瞧帕迪（chaupadi）的習俗仍存。這一習俗規定女人來經期間七天不得進入自宅，得在屋外生活、睡覺，於是這期間女人若非流落簡陋小屋或洞穴，就是得餐風露宿度過。

　　從某個傳統宗教觀點看，男女在村鎮裡一起生活，引發沒完沒了的問題。這些問題只有透過制定隔離儀式才能解決。聖山沒有這些頭痛問題。它是個烏托邦似的地方，終身不娶之修行男子的願望──在沒有誘惑、沒有讓人分心之物的環境裡生活，在此終於實現。在耶穌復活之日前，即男子終於能脫掉其肉體之前，聖山是地球所能提供的最佳地方。

　　聖山的僧侶，原有著名的「六千蓄鬍男」，如今已大減到約兩千名。他們構成一自治體，該自治體的政治自主地位在希臘法律裡得到尊崇，因為希臘憲法認定聖山為「希臘國的一個自治部分，其主權將保持完好無缺。」唯一有權管轄聖山的主教是「君士坦丁堡—新羅馬的普世牧首」（Ecumenical Patriarch in Constantinople-New Rome）。一〇四六年，在君士坦丁堡，即今日世上其他地方人所謂的伊斯坦堡，東羅馬帝國皇帝君士坦丁九世（Constantine Monomachos）批准讓聖山為女人禁地。

　　禁止女人進入聖山一事，有其法律上的名稱，即 Avaton。這道法令，從其本身的角度來說，不得不說施行得很成功。聖山有其悠久歷史和受推崇的美景，但目前所知進入過聖山的女人

其中一座隱修院Dionysiou。

另一座隱修院Pantokratoros。
© Prof. emeritus Hans Schneider (Geyersberg), WIKIMEDIA COMMONS

少之又少。十四世紀時保加利亞的海蓮娜（Helena）為躲避黑死病來到這裡，但她或許算不上到過聖山者，因為她並未真正「踏」上這個半島——為尊重當地風俗，她待在聖山期間始終坐在由人抬著的轎子裡四處走動。隨著瑪麗絲・舒瓦西（Maryse Choisy）決定造訪聖山，終於有女人實實在在踏在這半島上。舒瓦西是法國精神分析學家，曾是佛洛伊德的病人。她戴上大大的假鬍子，喬裝打扮為男僕。她還聲稱做了根除性兩側乳房切除術，即她所謂的亞馬遜女戰士（Amazonian）手術。她的心血沒有白費，她在聖山待了一個月。一九二九年她出版了《與男人相處的一個月》（*Un Mois Chez Les Hommes*）。在此書中，舒瓦

西記載了瓦托佩迪（Vatopedi）隱修院某僧侶對禁止母雞進入一事的有趣澄清（凡雌性動物都不得進入，母雞當然名列其中）：「我們得訂出明確規定，」他解釋道。「哪天我們有了一隻母雞，有些修士會主張我們也該接受一隻母貓、一隻母羊（有用的動物），乃至一隻母驢。從一隻母驢到一個女人，就只是一步之遙。」從這位僧侶所列出的禁制動物名單，可間接看出讓母貓上聖山是較晚近的讓步結果。舒瓦西惱火於她所碰到嫌忌女人的現象，但樂於揭開聖山的真相，把僧侶說成懶惰、魯鈍、飽受同性愛欲之苦的折磨。她的描述具嘲弄、淫穢意味，她書中談到性的部分被某些人斥為惡意捏造。單性聚居地本就易引人遐思。但正是充滿遐思的好奇，指出一真正的弔詭：在這類地方，性或許遭到否定，但性也是它們的組織原則，從而是它們所念念不忘的東西。

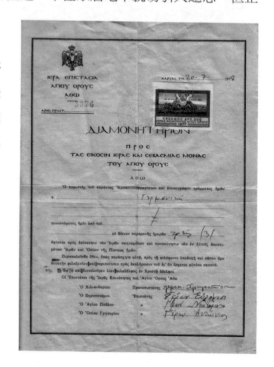

聖山的准許進入證
（diamonētērion）。
© Administration of Mount Athos,
WIKIMEDIA COMMONS

　　聖山大概始終擺脫不掉女性偶爾入侵的困擾。但入侵和嘲笑不會讓僧侶懷疑起自己的女性禁入主張，反倒似乎只讓他們更加堅信他們是神聖遺產的捍衛者。女人禁入法只是聖山所自豪於和現代世界脫節的諸多面向之一而已。聖山迫於無奈才允許外地人進入。僧侶一天只允許十名非東正教徒來訪，但對「希臘人和東正教徒」，則把名額放寬為百人。登上聖山的外地人得在時限內離開。希臘東正教會於一九二四年採用格列高里曆，但在聖山未如此。此地的僧侶仍使用古代儒略曆（在希臘、羅馬尼亞、保加利亞、美國境內的小股「舊曆」派也保留這一習俗）。因此，聖山比世界其他地方晚了十三天。

　　聖山堅持不跟上時代的頑固作風和該地風景的優美，使許多人覺得該好好保護它，常造訪聖山的英國查爾斯王子就是其一。但維繫住女人禁入法的謬論，仍然極不討人喜歡。如今，捍衛該法者搬出尊重文化差異的說詞來支持自己的主張。瓦爾特・施維默主張：「要求廢除聖山女人禁入法者，根本不懂得尊重聖山僧侶所選擇的生活方式。」施維默丟出一個疑問：「這種不懂尊重他人，傷害他們人類尊嚴的事，可拿來作為『人權』的基礎？」表面上看來，他是在提問，但其實似乎在表達他自己既有的主張。這個觀點是詭辯，難以讓人因此對聖山有好感。單這類辯詞可用來否定任何人權，只要說他們侵犯了他人的選擇。「尊重我差別待遇的選擇」這個辯詞也提醒我們，當把聖山和世上許多依宗教規定不准女性進入的地方一起納入考量，聖山就像是一普遍趨勢的極端例子，而非一個迷人的例外。

奴隸創立的自由領土

幼苗牧場：布羅塔斯基隆博
Ranch of Sprouts: Brotas Quilombo

23°00'59"S 46°51'31"W

幼苗牧場是布羅塔斯基隆博的諸多舊名之一，布羅塔斯基隆博則是奴隸出身者所創立的非裔巴西聚落。凡是巴西境內脫逃奴隸所創立的自由領土，通稱「基隆博」。基隆博形狀、大小不一，但最有名者是帕爾馬雷斯（Palmares）。它於西元一六〇〇年創立於巴西東北岸，是前奴隸所建立的共和國，據說面積和葡萄牙差不多。它苦撐了八十九年，比大部分基隆博存世更久許多。如今，可能有兩千個郊區市鎮和村子淵源於基隆博。附屬於巴西

文化部的帕爾馬雷斯基金會（Palmares Foundation），認定有一千四百零八個基隆博散布於巴西二十七個州裡的二十四個州。

二十世紀大半時期，基隆博遭人遺忘。那段時期，它們未被標示出來，也未得到承認，以髒亂的飛地形態苟延殘喘，被侵占它們土地或竭盡所能忽視它們的現代都市吸收、包圍。但一九八八年巴西憲法承認基隆博土地的正當性，從而使情形完全改觀。這是個重大改變，因為該憲法宣布：「始終位在同一土地上的基隆博殘餘區域，其最終的產權在此得到承認，國家將讓它們擁有這些土地的所有權。」一九九五年，巴西宣布舉行全國性慶祝活動，以紀念帕爾馬雷斯最後一位領袖朱姆比（Zumbi）的冥誕。朱姆比被官方授予「巴西國家英雄」的稱號。因應這一新氣氛，許多村鎮不再覺得基隆博的身分見不得人，開始在所謂的「自我定義節」（festival of self-definition）中公開基隆博的身分。這一節慶通常舉行在十一月二十日，巴西一年一度的「黑人意識日」（day of black consciousness）。

基隆博已成為非裔巴西人新自信與新自豪的中心象徵。基隆博得到承認一事，也使人對「自由地」在反蓄奴和爭取黑人認同的抗爭中所占有的中心角色，產生一些有趣的疑問。逃離不只是逃走而已，還要有個去處，並得在異地紮根。如果自由地無法維持住，那麼逃離就不可能，抵抗會慢慢消亡。基隆博的故事清楚說明這些簡單的道理，但它也丟出更為複雜的問題。畢竟如果基隆博是逃離的歸宿，那在奴隸制遭廢除之後，在非裔巴西人只是多種族社會裡的一個族群的世界裡，基隆博還有何存在意義？巴西憲法把基隆博說成「殘餘物」，藉此表明了一種看法：它承認

它們的歷史，卻也把它們發派到過去。一個地方何時可以不再是基隆博？一個地方何時可以不再靠其過去來得到界定？過去二十年期間，隨著基隆博運動的成形，答案似乎已經浮現──「永遠不會」，至少就眼前來說是如此。

布羅塔斯基隆博正受到上述所有疑問的考驗。它座落在伊塔提巴（Itatiba）邊緣，境內有約三十戶人家。伊塔提巴是個小鎮，距正迅速成長的大都會聖保羅七十六公里。房子用混凝土塊和石棉建成，散布在一個有著泥土小徑和熱帶林地而植物叢生的郊區市鎮上。這一簡陋之地曾是一大上許多的逃離區的一部分，那個逃離區吸引更遠更大範圍的脫逃者來此棲身。但一如其他許多基隆博，最後終於有兩名曾在農場幹活的奴隸，埃米利亞‧戈梅斯‧德‧利瑪（Emília Gomes de Lima）和伊薩克‧德‧利瑪（Issac de Lima），買下一小塊地。他們是最早的新手或開啟先河的牧場主，因此得名「牧場的幼苗」（ranching sprout）。口述歷史傳說伊薩克‧德‧利瑪希望「每個有我血液的人都會有地方住」。許多村民自稱是這一對最早保有土地之夫婦的後代，該村目前最年長的居民和當地的女族長，也就是被布羅塔斯基隆博境內大部分人簡單稱之為「阿姨」的安娜‧特蕾莎‧巴爾博薩‧達‧科斯塔（Ana Teresa Barbosa da Costa），就是他們的曾孫女。

布羅塔斯基隆博的所有權，過去百年裡，多次岌岌不保。房地產稅徵收、得不到官方承認、欲把這整個地方改闢為醫療棄物棄置場的計畫，幾次差點毀掉布羅塔斯基隆博。直到不久前，它還少有外人到訪，落後且位於城市邊陲。除了前來這個基隆博香火鼎盛的烏班達（Umbanda）宗教屋膜拜的人，少有人前來這裡。

接受採訪的布羅塔斯基隆博居民，個個都表示很不希望讓過去在他們指縫間溜走。「如今，經過八代，這個基隆博的居民大部分是混血兒，」當地居民保羅・塞吉奧・馬爾洽諾（Paulo Sergio Marciano）向 BBC 某記者解釋道。「但我們的首要之務是找回我們的傳統，找回巴西與非洲之間的連結。」如今，這一懷舊情懷終於開始得到回報，布羅塔斯基隆博已獲聖保羅州承認為都市基隆博，隨之出現一批關於該地之過去與未來的官方報告和學術報告。

　　走出陰影卻也帶來具體的難題，其中有些與財產法有關。一如大部分基隆博，布羅塔斯基隆博的所有權契據很不完整。得透過多種來源，包括口述歷史和出土的人工製品，才能證實土地歸誰所有。已有人挖出鏈條和鐵球，以及一尊非洲某部族女人的石像，並交給有關當局。這些東西至關緊要，因為它們是居民證明真實性與所有權的依據。二○○○年代初期，居民面對已開始在他們土地上建造公寓大樓的營造公司時，這尤其重要。二○○三年，一政府官員表示，國家「無法斷言是否有侵犯這一地產的情事，因為沒有明顯可見的邊界。」如今，情況已大不同於當時。邊界已獲確認，新投資為布羅塔斯基隆博帶來路燈和文化遺產中心。事實上，心態上有了堪稱革命性的轉變。它已從無人聞問的落後地方，搖身一變為熱門遊覽景點，特別是受到較具社會意識的那一代青睞。如今它舉辦跨種族的節慶和歷史大事重現活動，吸引該區各地的人前來。

　　巴西的「基隆博化」使那些原本躲在暗處的村落走到陽光下。就連未聲稱是脫逃奴隸所創建的聚居地，都以它們居民大部

分是黑人為依據,尋求獲承認為基隆博且如願以償。阿佛烈多‧華格納(Alfredo Wagner Berno de Almeida)是以巴西各地的基隆博為研究對象的巴西人類學家。他接受某位人類學界同行訪談時,提醒勿把它們當成冷冰冰的遺產:「基隆博不是人面獅身像,不是金字塔,」他說。「它們不是古蹟,不是藝術遺產的一部分。它們是該國富生產力之生活的一部分。」但就連把這類地方稱作「基隆博」一事,都把它們牢牢釘在過去的蓄奴時代。「殘餘物」這種官方歸類聽來有失顏面,但至少表明情況已然改變,且暗地裡要人留意停滯、博物館化的危險。還有些人,例如巴西聯邦議員奧尼克斯‧洛倫左尼(Onyx Lorenzoni),抱怨基隆博的遊行示威「把巴西分割為不同膚色的數個族群」。

布羅塔斯基隆博正從非裔巴西文化的偏遠據點,轉化為受政府補貼的黑人時間機器嗎?似乎並非如此。不同膚色、不同出身背景的當地人來到布羅塔斯基隆博且投身當地事務。它的重被發現正為它所置身的那個更大的鎮,增添獨一無二且重要的東西。這一切意味著地方對非裔巴西文化和對反蓄奴行動的重要性,正得到某種遲來已久的肯定。但它的確引發一個疑問,即這會走多遠,以及還有多少基隆博?自認是非裔巴西人的人口,占巴西總人口的比例仍不清楚(多項估計認為在8%至53%之間),在這樣的國家裡,上述疑問沒人有答案。但比較清楚的是,基隆博就只是基隆博,它們不只是已逝之物的「殘餘物」,還是想藉由過去來界定現在之地。那是所有還活著的地方都在做的事。那可能意味著它們有時似乎感興趣於保存傳統更甚於創造新傳統。但那是值得一冒的風險;事實上,如果地方要成為聚落,要成為不只

是個人暫時棲身之處的東西，這種風險不得不冒。沒有過去來把人繫住，地方就不會創造有意義的未來。

擁地自重的武裝叛亂分子

哥革武控制的哥倫比亞地區
FARC-controlled Colombia

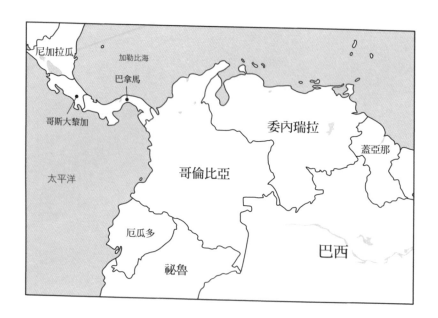

在日益受到監視和日益類同的世界裡，可能有人會認為叛亂地是與時代脫節之物。如果真是如此，那麼哥倫比亞革命武裝力量（Fuerzas Armadas Revolucionarias de Colombia, FARC，以下簡稱哥革武）可能還沒聽到這消息。二○○○年代初期，他們控制了哥倫比亞約四成的國土。過去十年，他們的勢力範圍減少到哥國將近三成國土，但那仍相當於很大一片叢林。

哥革武堅守領土的本事和欲望，與全球潮流背道而馳。並不

是說重武裝民兵部隊已過時，而是我們已開始習慣於另一種武裝叛亂勢力。伊斯蘭基本教義派團體像鬼魅般四處遊走，在租來的房間和無政府的國家之間悄無聲息遊移。只有在認為他們有用的國家或無力阻止他們擴張的失敗國家縱容下，他們才有控制領土的念頭。索馬利亞、阿富汗、蘇丹、南葉門、馬利、巴基斯坦都屬於這其中一類或兼屬這兩類的國家。蓋達組織在塔利班所控制的阿富汗境內找到了一個基地，但一旦離開這類受保護的安全地點，民兵部隊就得變形為無法確定位置的網絡型組織。此舉所產生的結果已改變我們所有人的生活，因此，不足為奇的，我們對武裝叛亂地理的看法已深受他們鬼魅般的機動影響。

於是，與地方有著大不相同之關係的那種叛亂遭到忽視，或被視為昨日的新聞。但具有革命性社會主義意識形態的武裝叛亂分子並未消失。他們包括尼泊爾境內的毛派和印度境內的納薩爾毛派（Naxalite Moaists），前者於二〇〇〇年代控制尼國約八成國土，後者如今控制數大片偏遠森林。另一個例子是庫德斯坦工人黨（Kurdistan Workers' Party）的社會主義民族主義分子和他們的政治分支。他們的大本營位在伊拉克北部的甘迪勒山（Qandil Mountains）裡，但他們的控制範圍深入到北敘利亞和伊朗。

這些左派革命團體常有視人命如草芥的行為。但它們是由下而上型的組織，以小農為基礎，有許多女性幹部。這一特點使它們在地理上呈現大不相同的面貌。那意味著它們紮根於地方，能夠且想要緊緊抓住它們認為是自己地盤的領土。相對的，伊斯蘭基本教義派恐怖組織是由上而下，完全由男性主導，在地理上四

處流竄，兩者差別非常鮮明。

　　哥革武所來自的地方，對哥革武本身有非常真切的利害關係。它由左派游擊隊創立於一九六六年四月，那些游擊隊則以共產主義農村為根據地，當時反政府的「集體自衛」戰爭已持續將近二十年。哥革武在具有長久的凶狠自治傳統和強烈不信任波哥大中央政府的農村地區壯大。到了一九八○年代，哥革武已將控制區大大擴張到其核心區域之外。軍事上，他們同時在超過十八個戰線上往外推進，志得意滿地替他們的組織加上「人民軍」之名。哥革武專家蓋里・李奇（Gary Leech）說：「對於在中央政府所從未能控制的廣大鄉村地區上的農村來說，（他們）是實質上的政府。」

　　過去二十年，哥革武終於開始擁抱較有彈性、較民族主義的「玻利瓦爾社會主義」（Bolivarian socialism）。它已把許多馬列主義教條束縛，留給時而與其為敵、時而與其為友的另一個哥國反政府游擊組織「民族解放軍」（National Liberation Army）。民族解放軍的勢力不如哥革武，勢力範圍位在哥國多山的西北地區。但要瞭解哥革武為何和如何繼續如此看重牢牢抓住哥倫比亞的叢林和偏僻村落，我們得求助於一些革命經典著作。一九六一年出版，出自切・格瓦拉之手的《游擊戰》（*Guerrilla Warfare*），大概是其中最重要的著作。格瓦拉教學計畫的核心是建立外人無法進入的領土並予以保住。他說，「游擊隊在這裡將能固守」，「飛機什麼都看不到，於是無法出動；坦克和大炮在這些區域不易前進，因而也沒什麼用。」建構防禦空間也使游擊隊得以打造革命的基礎設施：「在這裡或許可以設

置小型產業，以及醫院、教育與訓練中心、貯存設施、宣傳機構。」

　　但這些技術性的細節只觸及格瓦拉之雄圖大志的皮毛。他真正的動機是政治性的。把武裝團體紮根於鄉村，使革命大業得以走向「人民」、來自「人民」。建構毛澤東（執著於守住領土的另一位游擊領袖）所謂的「人民基礎」，既是手段，也是目標。毛澤東認為，重點在於游擊戰基本上來自群眾，靠群眾支持。如果游擊戰得不到群眾的「同情與合作」，既不可能存在，也不可能打得好。哥革武的收入大半來自綁架勒索和向毒品販子課稅，鑑於這一組織的殘酷無情本質，上述理念或許讓人覺得是在打高空。但這一理念為他們矢志將該國地圖重畫為叛亂區與帝國主義勢力區一事，提供了一個他們所認為經過實證而可靠的基礎。

　　理論和實際總有落差。從哥革武的實際作為來看，他們始終不善於維持哥倫比亞人民的「同情與合作」。二〇〇一年蓋洛普公司的一項民調顯示，不到 3% 的哥倫比亞人對哥革武持肯定態度。許多人指責它發動已讓約二十五萬人喪命、使數百萬人逃離家園的戰爭。那是場看來沒有盡頭且沒有意義的戰爭。哥革武如願控制了領土，但這個團體似乎從不清楚接下來該做什麼。換成是格瓦拉和毛澤東，大概會轉而往外擴張，因為他們把山區和叢林視為跳板。但哥革武以鄉村為根據地，卻也被困在鄉村之中。

　　他們死守著鄉村，既出於情感因素，也因為一殘酷事實，即他們的理念只在鄉村還繼續能打動人心。阿佛烈多‧蘭格爾（Alfredo Rangel）曾是國防部高階官員，後來改行，成為以波哥大為總部所在的民間保全工作者。他為哥倫比亞某政治性刊物

撰文時解釋道：「他們的國旗不可見或不可信賴，但他們在當地提供武裝保護，並懂得利用農村青年失業現象來壯大自己，使他們得以在許多地區建立支持。」

結果就是一連串沒完沒了的虛應故事進攻和迅速撤退，且在最近幾年，後者多於前者。這一情況存在越久，哥革武在割據領土上的作為，就越是影響戰場上其他所有戰鬥者的心態。哥倫比亞軍方也把其任務界定為守住、奪占、保衛領土。反共準軍事組織「哥倫比亞聯合自衛軍」（Autodefensas Unidas de Colombia, AUC）亦然。一九九〇年代中期，該組織宣布其目標是「征服」被游擊隊「移居並控制」的陸地：「因為顛覆勢力就是在那裡成功另立政府。」

一九八八年，中央政府為安撫哥革武而把大片土地移交給它時，似乎終於有機會打破僵局。這塊土地的面積約略相當於瑞士，政府希望以這項贈予示好，藉此開啟有意義的和談。這次關係的緩和只維持數年（哥革武似乎無法跳出以戰爭為其存在理由的心理框框），但最近幾年，要求再給這個構想一次機會的呼聲日益高漲。西班牙和法國已主張，設立一國際非軍事區，區內沒有游擊隊和中央政府的武裝部隊，或許是更理想的辦法。那是針對領土爭端所提出的領土性解決辦法。

不管這一最新的倡儀能否成功，它已清楚表明哥革武和其他類似組織都極為看重擁有地方。他們的特色之一就是以武力爭奪地方，而使他們有別於恐怖分子並使他們成為不折不扣之革命分子之處，就是它們被綁在地方上。相對的，大部分現代恐怖組織未牢牢紮根於特定地方；他們在流離失所的世界裡如魚得水。

對哥革武來說，問題在於他們的地理野心已凌駕其他各種野心之上。他們死抓著地方不放，把地方的生命力搾光。

政府勢力蕩然無存的野性城市

霍表
Hobyo

5°20'59"N 48°31'36"E

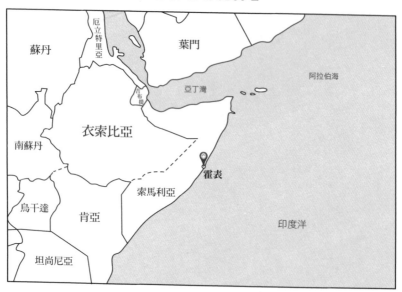

　　霍表曾有過較美好的日子。它是非洲之角西岸的古城，拜印度洋繁忙的航運路線之賜，曾繁榮過數百年。一百年前，它是一小蘇丹國的首都，也是一熱絡的商業中心，吸引來貴金屬和珍珠的商販。如今它是海盜城，世上其他地方的人對它避之唯恐不及。在夜裡，霍表真的從地圖上消失。令人驚訝的，在這個城鎮，光是劫走一艘船就能賺超過九百萬美元，竟沒人投資建造發電設備。夜間衛星照片顯示它一片漆黑。這個地方財源滾滾，卻也極

為貧困，因為這個城鎮的經濟和身分都已被盜匪掏空。

二〇〇〇年代，這段海岸沿線有許多海盜城，但霍表是其中最高枕無憂者之一。海盜於北部遭伊斯蘭基本教義派或在南部遭海警擊退時，即投奔霍表，有時帶著戰利品同來。於是，霍表成了絕佳的「野性回復城市」（feral city）例子。這是軍事圈使用的專有名詞，用以指稱政府公權力蕩然無存但維持一國際網絡型犯罪經濟的地區。「野性回復城市」是例外空間裡最狂野混亂的區域：它們不是政府或意識形態所造成，但說明了當這類結構消失時會發生的事。據理察・諾頓（Richard Norton）在《海軍戰爭學院評論》（*Naval War College Review*）上的文章所述，「野性回復城市」已「失去維持法治的能力」，但仍是「更大國際體系裡一個具有作用的參與者。」諾頓甚至主張，墨西哥市、聖保羅、約翰尼斯堡都具有已然根深柢固的野性回復特色，可能已走在成為野性回復城市的路子上。

這些城市的野性或許只是局部回復，但霍表則已幾乎完全回復。自一九九一年內戰後索馬利亞即不具有號令四方的中央政府，而霍表雖然位在索馬利亞的加爾穆杜格（Galmudug）省境內且有市長，卻已落入海盜之手超過十年。它地處偏遠的沿海地區，使它成為海盜所看重的領地之一。在距霍表海岸約一點六公里處的海上，座落著海盜所貯藏的財物。一名年輕海盜指著岸外一艘劫來的韓國超級油輪，得意揚揚的向來訪的法國記者尚一馬克・莫戎（Jean-Marc Mojon）說：「這一艘比霍表還大。」這艘油輪不久後就會讓他的夥伴賺進數百萬美元。在這同時，海上劫掠還催生出一次級產業，即小漁船從霍表向劫來的船隻提供民

生物資的服務業。衛星照片顯示，這個城鎮裡密布許多有厚牆圍住的海盜大宅，宅中院子裡整齊停放數輛車子。霍表城最突出的特徵，乃是海盜用來和停泊在岸外的被劫來船隻聯絡的電信塔。

最近數年，付給索馬利亞海盜的贖金總額，每年達到一億五千萬至兩億美元。把這與索馬利亞人均 GDP（只三百美元）擺在一塊，更能看出這數目的龐大。這讓人納悶這些贖金都跑哪去了？並未流到霍表，這一點可以確定。它們最終都跑到國外或較內陸處了。撇開海盜不談，霍表是個到處塵土、房屋低矮、一片破敗的城鎮，致力對抗逼進的沙漠卻節節敗退。尚一馬克‧莫戎對該城居民的其他訪談，描繪出一沒有希望或目標的荒涼城鎮景象。當地一名老人抱怨：「沒有學校、沒有農耕、沒有捕漁，這裡就像是炸彈的原爆點。」有人說霍表應正從海上劫掠中獲益，但在他身上似乎看不到這點；反倒是他為沙漠進逼憂心忡忡：「我們最憂心的是沙，這個城市正漸漸消失，我們正被活埋，且束手無策。」

霍表的海盜頭頭為他們的劫掠勾當提供了一番已成為制式說詞的藉口：外國船來到我們的水域，偷走我們所有的魚，我們不得不淪為海盜。這番話的意思是如果可以，他們寧可去捕魚，幹海盜實是迫於無奈，但最深入剖析過這問題的人不信這說法。一九九〇年代初期外國人的非法捕撈，的確是促使當地漁民武裝自己、保衛自家海域、從而形成海盜船隊核心的首要原因，但挪威專家斯蒂格‧雅爾勒‧韓森（Stig Jarle Hansen）所收集的證據顯示，當地的魚類資源仍足以撐起漁業。把從捕魚轉變為海上劫掠一事視為一經濟、社會選擇，會比較能理解這一轉換的規模

為何如此大。在赤貧國家，海上劫掠所迅即帶來的龐大經濟報酬，其誘惑之大讓人無法抗拒。

索馬利亞最著名海盜穆罕默德・阿卜迪・哈珊（Mohamed Abdi Hassan）的故事，讓人感受到昂揚的創業熱情。他外號「大嘴巴」（Afweyne），以霍表為基地，曾是公務員，因海上劫掠商機龐大改行當起海盜。在沒有其他方法賺大錢或在國家無意或無力阻止的情況下，他開始為其事業召募贊助者。有位曾被他請求入股者，接受了斯蒂格・雅爾勒・韓森的採訪，那人以悔恨的語氣說道：「大嘴巴於二〇〇三年創業。他請求我投資兩千美元，因為他正在替他的新風險事業募集資金……我沒投資，現在很後悔。」大嘴巴到北部海岸蓬特蘭（Puntland）地區較有歷史的海盜城招兵買馬，尋覓名氣最響亮的人，他迅即成為推手和統籌中樞，將原是業餘玩票的小規模活動，改造為有充足資金、精良設備和由專業人士經營之事業。大嘴巴也在開設海盜股票交易所上扮演了重要角色。它設在附近的哈拉爾代雷鎮（Harardhere），讓投資客得以購買不同海盜幫的股票，尤其是得以進攻高價值標的。

海盜已把他們的權威和形象印在霍表上，把它從有著複雜、豐富遺產的港市改造為無法無天的極盡貪婪之地。若要拿它來宣傳地方在無政府狀態下的不幸，它不是個好廣告。這一點值得在此表明，因為據彼得・李森（Peter Leeson）教授這位研究海盜對經濟之衝擊的全球權威所做的調查，在多種發展指標上，處於無政府狀態的索馬利亞，表現得比其受不良政府治理的鄰國還來得好。李森還興致昂揚提到「自淪入無政府狀態之後，索馬利亞

人所享有的個人自由和公民自由大增。」

過去的海盜城的確常被聲稱較富裕，能享有某種無法無天的自由。皇家港（Port Royal）這座十七世紀大為繁榮的牙買加海盜港，之所以受到牙買加島行政長官的保護，原因之一在於它所產生的財富多於從大規模種植所能指望得到的。似乎直到皇家港海盜開始把當地貿易船當成劫掠對象，官方才開始敵視皇家港。

相較於中國的廣州，皇家港是小兒科。十九世紀初期以廣州為大本營的海盜船隊，有約四百艘戎克船和六萬部眾。這支船隊就是經濟命脈。過去，似乎存有某種不明確的臨界點，在走到這一臨界點時，這類「野性」活動變成主要活動，每個人的福祉都在某個方面取決於該活動的成功。但如今，財富鮮少留在創造出財富之地。李森教授對索馬利亞無法無天之自由的樂觀想像，在霍表消失殆盡。它貧窮、日益衰敗且受好戰匪幫擺布。突然不再從事海盜勾當，大概會讓當地某些人頓時生計無著，但霍表只是將從外國船東勒索到的錢轉手到索馬利亞金融家手上的一個管道。據索馬利亞的新聞報導，索馬利亞金融家住在「奈洛比和杜拜境內的漂亮建築」裡，人稱那些建築為「海盜房子」。

城市變成「野性回復城市」，使某些人得到大量不義之財，卻掏空一地的生命力，而且這一新榮景有其衰落之時。霍表於二○○六年落入伊斯蘭基本教義派之手，六個月後支持該地區政府的衣索比亞部隊將伊斯蘭基本教義派趕走。二○○九年伊斯蘭基本教義派再度入主，開始讓海盜日子不好過，儘管其他人指控伊斯蘭基本教義派根本同流合污，要求劫船贖金大半歸他們所有。二○一一年起，商船加強防禦，各國致力於消滅海盜基地，被霍

表海盜劫走的船隻因此劇減。處境艱危的霍表市長阿里・杜阿萊・卡希耶（Ali Duale Kahiye）覺得，他說不定能奪回他的城市。二〇一二年他向記者表示：「減少海上劫掠行為是我們地區所亟需的。它們是造成本市通膨、粗鄙、不安定的機器。沒有它們，生活和文化都會更好。」該地區政府正大談建造一港口和將霍表重新融入合法經濟的宏大計畫。

海盜橫行的日子看似就要結束。大嘴巴最近宣布他要金盆洗手。索馬利亞諸多海盜城所留給後世的形象，比較可能是令人驚愕的例外，而非新世界混亂的先兆。野性回復城市是逐漸瓦解的城市，武力爭奪的對象，受剝削且體質孱弱。如果其他政府當年認真關心過霍表的死活，霍表的海盜可能在多年前就被制服，成不了氣候。個別海盜的決心和海上劫掠所帶來異常豐厚的報酬，的確是霍表淪為海盜城多年的重要原因，但地方之所以在回復野性之後繼續處於野性狀態，完全是因為那些地方遭漠不關心的世界拋棄。

【六】
飛地與自立門戶的國家

Enclaves and Breakaway Nations

邊界的繁多，
反映了人們政治、文化選擇分殊多樣的本質。

被國界四分五裂的兩個村子

巴勒納紹與巴勒海托赫
Baarle-Nassau and Baarle-Hertog

51°26'20"N 4°55'56"E

我和邊界處不好。邊界讓我害怕、不安。我曾因為不小心越過幾呎土地，一再遭到搜查、催趕，延誤了我的行程。邊界是行政機關的斷層線，專橫不容分說且不友善。不足為奇的，有太多人期盼一個沒有邊界的世界。邊界的存在常受到地理學家批評，他們把邊界視為排他性敵意的表現。但在沒有邊界的世界裡，我們能逃到哪裡去？哪裡值得一去？

新主權地能否成立，取決於新邊界的畫設，但不管是在初

創期的族群國家（隆達丘克威聯合王國、加告吉亞），還是在個人主義式的自治嘗試（席蘭）上，新主權地的成立可能也令人對此舉之意義與結果生起疑問。但在國家飛地的遭遇裡也可見到邊界帶來的難題和喜悅，其中有些國家飛地受苦於邊界的過度畫設（奇特馬哈爾），有些則似乎以此為樂（巴勒納紹與巴勒海托赫）。因為邊界絕非只是排他線，邊界的繁多反映了人們政治選擇、文化選擇紛殊多樣的本質。邊界的弔詭之處，在於它們阻絕了自由移動，卻又暗示一個充滿選擇與可能性的世界。

邊界有其種種缺點，但在邊界蜿蜒於陸上的方式，和邊界將想法與歷史強加於無言土地上的力量裡，卻有著令人振奮的東西。法蘭克‧雅各布斯（Frank Jacobs）在《紐約時報》所闢的「邊界線」（Borderlines）專欄，在藏有眾多地圖繪製奇事的礦層裡盡情挖掘，而他談到邊界的消失令他生起的失落感時，或許就是想要表達上述的東西。那是雅各布斯稱之為「假性邊界傷感」（Phantom Border Sadness）的一種症候群，他把它界定為「由某種信念突然導致的微微哀痛之感，而那信念認為邊界較少的世界也是較不特別的世界」。在一個不斷有外力催促我們拉倒人際藩籬的時代，那是個危險的想法。但雅各布斯異乎尋常的懷舊心態，卻奇怪的讓人覺得具有人情味，因為它承認了鮮少受到承認的一件事：人喜歡創設邊界，邊界既讓人挫折，也讓人興奮、激勵。

巴勒納紹與巴勒海托赫是你中有我我中有你、毗鄰而立的兩個村子。在荷蘭的巴勒納紹鎮（人口六千六百六十八人）裡和其周邊，散布著二十二塊比利時的小土地（合稱巴勒海托赫，人

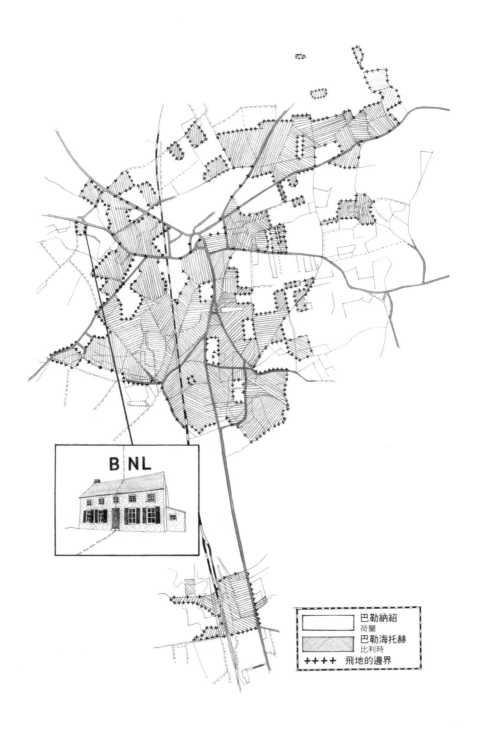

B NL

	巴勒納紹
	荷蘭
	巴勒海托赫
	比利時
++++	飛地的邊界

口兩千三百零六人），而在這些零碎的比利時土地裡，又座落著
巴勒納紹鎮的八個區塊。其中有些土地呈塊狀，但有些如長著又
長又彎觸手的細長動物。巴勒境內最大的飛地面積是一點五四平
方公里，最小的飛地是塊空蕩的田野，面積兩千六百三十二平方
公尺。全世界兩百六十個飛地，約一成二位在巴勒境內和巴勒周
邊。

　　這地區邊界的繁多，意味著在巴勒四處走的外地人可能永遠
搞不清楚自己身在哪個國家，不由得讓人覺得這兩個地方共用同
一空間。在下著雨的九月天我去巴勒時，無疑就有這樣的感受，
儘管有兩個市政府所出版的不規則碎片形市區地圖供我參考。有
些邊界以畫在人行道上的白色十字標示，但由於邊界太多，要把
它們全部標示出來，不切實際。在卡佩爾街（Kapelstraat）一段
一百六十公尺長的路段上，離開某塊大型的比利時飛地後，卻接
著穿過附近兩塊矩形比利時土地的邊界，因而我在不到一分鐘內
就能筆直穿過五道國界。

　　巴勒屬於友善、平常的地方，居民隱隱自豪於巴勒是世上僅
存的中世紀邊界難題的重要殘餘物。幾乎在世上其他任何地方，
邊界都已拉直並合理化，不規則的邊界都已經過處理而遭人遺
忘。巴勒國界的混雜，起源於歐洲各地常設置飛地的那段過去，
而飛地的經常設置則肇因於當地貴族領地和領土聲索的錯綜複雜
與多變。十八世紀一則對法國洛林領土的苦惱描述，把洛林說成
是「混合的，相交的，充斥著主權完全歸屬於德意志君主與邦國
的外國領土和飛地。」於是，近代以前的世界，邊界到處亂畫。
這段引文也表明了一件事，即到了十八世紀時，飛地已被視為在

背的芒刺。法國用畫界條約和老式征服手段，除掉了許多飛地。
啟蒙時代的理性世界試圖抹掉蒙昧、無法管理的飛地世界。今日
的我們把飛地視為既說明民族國家的邏輯又躲避那邏輯的異類，
而這一觀點就是當年那個時代所遺留下來的。

　　巴勒能倖存下來，幾可說純粹出於走運。深入研究這一主題
的傑出專家布蘭登‧懷特（Brendan Whyte）教授，徹底考察過
巴勒這些飛地背後的每一次結合、拆夥、協議與主權聲索之後，

畫於巴勒納紹與巴勒海托赫之間的邊界線。
© Alix Guillard, WIKIMEDIA COMMONS

只聳聳肩。他告訴我們，巴勒若「融入拿破崙法國，本很有可能如法國北界、東界上的大部分飛地那樣，促成巴勒飛地的合理化」，但「出於某種原因」，那未發生。

巴勒是個例外，它不夠重要或沒那麼令人厭煩，因而沒人把它提到待處理事項的首位。它倖存下來，如今提供我們一個中世紀微邊界的活實驗室。一九五九年，比利時牛販索伊・范登艾恩德（Sooy Van den Eynde），要求荷蘭巴勒納紹鎮提出證據，以證明他所聲稱為比利時昔日土地的地方的確屬該鎮所有。海牙國際法庭審理他的訟案，最後做出有利於他的判決。於是，一塊約十二公頃的比利時新飛地問世。一九九五年，一邊界委員會宣告，經過十五年的努力，巴勒邊界如今眾所周知且固定下來。但分裂的主張豈是這麼容易就能打消？在巴勒，要人找出新方法以使已然複雜的情況更為複雜的誘因，已比以往更為強勁。那股勢頭也產生一無休無止的欲念，想要界定並減少邊界線。邊界線粗幾公分？邊界線能穿過什麼？在巴勒，習慣作法是凡一房子臨街的門位在某國境內，該屋即屬於該國。但如果邊界線穿過屋門怎麼辦？在這情況下，即產生一令人不樂見的結果，該建築一分為二，分屬不同國家所有。但這一可能讓人頭痛的情況往往存在不久，因為當地有另一習慣的作法，即正門位在哪個國家，該屋住戶即向該國繳稅。可想而知，這會造成一種情況，即住在巴勒眾多邊界線上的居民，會為了繳較少的稅，而把正門移動數呎，移到稅負較低的國家境內。

移門之事最近幾年已逐漸消失，但那段記憶，連同多種邊界標誌並未消失，包括當地人將國旗掛在地址門牌上的有益習慣。

兩村的政務委員會已發現巴勒眾多的飛地是巴勒吸引觀光客的最佳憑藉。如今他們正通力合作，欲讓這兩個城區登上聯合國教科文組織的世界遺產名錄。那是值得爭取的殊榮，但我不確定巴勒是否會吸引來許多遊客，因為除了邊界的異乎尋常，那裡沒多少東西可看。有次我告訴某店家老闆我為何來此時，那個老闆微帶震驚地喊道：「你是觀光客？」但誰不清楚巴勒的居民從他們的邊界所得到的樂趣？不需觀光客的提醒，他們就知道自己生活在一則地圖繪製傳奇裡。

對於其他有邊界糾紛且較不順心的地點來說，巴勒堪稱是最理想的情況。它讓我們知道，人能用邊界來打造正面的自我意識，同時不利用邊界來讓他人陷入悲慘生活。前巴勒納紹村長揚・亨德里克斯（Jan Hendrikx）數年前接受 BBC 訪問時，明顯自豪於「我們的村民與我們的比利時鄰居巴勒海托赫的村民打成一片，但不是以正規的方式」。巴勒海托赫村長揚・范魯汶（Jan Van Leuven）詳加闡釋了這個觀點：「我認為我的腦袋有點荷蘭，但我的心是佛蘭芒（比利時北部）的」，他如此解釋道，然後斷言，「一般來講，荷蘭人較理性。他們思考，把目光瞧向北方。我們佛蘭芒人也思考，但我們較感性。我們講同樣的語言，但詞語有不同意涵。」

這些概括性的說法很容易遭到漠視，特別是在比利時與荷蘭同為歐盟成員，而使巴勒的邊界變得形同虛設之時。法蘭克・雅各布斯甘冒大不韙，為《紐約時報》寫了稱讚邊界的文章，結果招來某些讀者的痛罵。一位自封為「職業地理學家」的人寫道，雅各布斯不知道「邊界是為那些利用恐懼與無知來造福自己，且

試圖把本性無拘無束的人類框住的小人所設」嗎？他不知道「職業地理學家」已發現邊界只是「老式殖民主義」？

　　好在他不知道。在世上某些地區，飛地的確是個大麻煩。事實上，隨著蘇聯解體和約二十個新飛地問世，飛地於一九九〇年代開始重現於世，讓人驚呼中世紀作風竟重出江湖。接下來可能還會有別的飛地問世。沒有邊界的世界，出現的可能性不大，而當我們想起那個世界，一個沒有差異、沒有逃離可能的烏托邦，我們或許會開始懷疑那是否是個迷人的目的地。巴勒告訴世人，創造地方和創造邊界兩者密不可分。它也提供了一個例子，讓我們從中認識邊界的樂趣。這樂趣有不少和這一異類領土的嬌小可親有密切關係。這類嬌小可親的地理不只是透著古雅的過時之物。它們讓我們知道，在懼地（topophobic）的世界裡，可如何重新發現邊界的魅力並予以人性化。

孟加拉與印度之間的飛地區

奇特馬哈爾
Chitmahals

26°16'N 89°06'E

　　奇特馬哈爾是印度、孟加拉兩國邊界上的「紙宮殿」。它是個複合名詞，結合了英語裡的「小額欠帳字據」（chit）和印地語的「宮殿」（mahal）。將近兩百個這類飛地零亂分布在邊境區裡和邊境區周邊。它們大小差異極大，大如孟加拉境內的巴拉帕拉・卡格拉巴里（Barapara Khagrabari），面積二十五點九五平方公里，小如飛地中的飛地烏潘・喬基・拜尼（Upan Chowki Bhaini），面積五十三平方公尺，名列世上最小飛地之一。

　　根據當地民間傳說，奇特馬哈爾是貴族下棋的產物。奇特馬哈爾常被人以它們所在的印度地區科奇比哈爾（Cooch Bihar）一名稱之，據說它們是十八世紀初期科奇比哈爾的土邦主和朗布爾的地方行政長官（Nawab of Rangpur）某次下棋時輸贏的諸多土地。另有一說法把它們問世的年代推進到二十世紀中期。據說，一九四七年有個喝醉的英國籍地圖繪製員，在為印度省界的這個棘手區塊做最後修飾時，不小心打翻他的墨水瓶。隔天早上，所有大大小小的墨漬已乾，隨之造就出世上最斑駁的地緣政治景觀。第二個說法顯然不可信，但第一個說法則抓住重點。奇特馬哈爾其實是十八世紀初期起地方統治者交易、施惠的殘餘物。但自它們問世以來，大半時候它們遠不如二十世紀下半葉時那麼封閉。印度、巴基斯坦、孟加拉三國的相繼誕生，才使奇特馬哈爾從當地的異類變成國際難題。

　　與巴勒納紹和巴勒海托赫不同的，住在這一地緣政治叢林裡的五萬一千三百人，並未陶醉於他們所在地區的獨一無二。奇特馬哈爾讓世人看到，當邊界顛覆而非促進居民的地方感時會發生的事。這些居民未自豪於他們複雜奇特的邊界，未自豪於他們眾多的飛地中的飛地（共有二十八個這種飛地），乃至未自豪於擁有世上唯一的飛地中之飛地中的飛地達哈拉・卡格拉巴里（Dahala Khagrabari）。達哈拉・卡格拉巴里為印度領土，面積七千平方公尺，位在一孟加拉村內，而這個孟加拉村又位在孟加拉境內的一個印度飛地內。沒有人對這現象的舉世無匹感興趣，因為在這些飛地裡生活很苦，奇特馬哈爾不是觀光地或充滿創造力之地，而是遭棄、桎梏之地。

　　這些飛地大部分得自力更生，亦即居民得自建學校和橋梁。每個飛地得建構自己的司法和執法體系，以及土地所有權糾紛和其他幾乎所有事務之糾紛的解決辦法。它處於無政府狀態，是個沒有政府的自治社會，意味著小孩沒受教育，公路和橋梁破爛不堪，正義的伸張靠拳頭，居民間的糾紛演變成族間仇殺。於是，這些村子的居民以欣羨的眼神望著住在受國家保護和管理之地方的鄰居。有個三十八歲的市政委員，其所屬市政委員會下轄許多飛地，他解釋道：「如果孟加拉或其他哪個國家發生水災，會有人來救援。如果我們被水圍住，我們只會死在這裡。發生水災時，人就像被水圍住的囚犯。」

　　奇特馬哈爾的困境肇因於邊界太多，使公權力無法充分執行。事實表明，把人隔離在國家管轄之外，特別是窮人和弱勢者，結果只會妨礙自治，而非促成自治。證據可在這個邊界地區找到。他們的困境使我揚棄了我心中僅存的無政府主義，或者至少使我揚棄了我直至中年都默默深信不移的反中央集權論。霍表的荒涼動搖了我對村鎮自治的信念，而奇特馬哈爾的情況則掐滅了那信念。如今，一讀到十九世紀無政府主義者米哈伊爾‧巴枯寧（Mikhail Bakunin）的著作，我就不由得眉頭一皺。他在一八七三年聲稱：「有國家，接下來就有支配，隨之就有人淪為奴隸。」如果沒有國家呢？情況通常更糟。

　　但同樣不容否認的，奇特馬哈爾的居民未得到印度或孟加拉政府善待。他們的生活因此很苦，苦到極點。事實上，他們的主要難題可以說是國家行政機關所製造。要離開這些小飛地，居民得取得簽證，才能通過圍住它們的外國領土。但要取得簽證，

他們得先離開飛地，因為要到數公里外的城市才辦得了簽證。這一制度所帶來的後果往往極為悲慘。二〇一〇年，有個名叫賈莫娜‧畢維（Jaimona Biwi）的懷孕少婦開始陣痛。她住在馬夏爾丹嘎村（Mashaldanga），該村位於印度境內的孟加拉飛地。她去離她的奇特馬哈爾最近的醫院，但她不是印度公民，大夫不願受理。她向印度記者表示：「我痛得要死，但躺在醫院地板上兩天，大量失血，產下一個死胎。」她再度懷孕後，走偏門，雇了一名印度籍丈夫。她忿恨難消：「他只在醫院登記簿上的丈夫欄裡寫下他的名字，就收了我們家兩千盧比。」畢維的話間接說明了政治邊緣人無可擺脫的恥辱。搬進馬夏爾丹嘎村的印度人不多，其中一人解釋道：「在我們這個區域，沒有印度村的村民會娶或嫁給來自奇特馬哈爾的人。只有非常窮的人家，才會把女兒嫁給飛地的居民以換取聘金。」

外界希望印、孟兩國最近割讓領土的作為，會在不久後使奇特馬哈爾問題得以解決。根據二〇一一年簽署的一份土地交換協議，大部分飛地會與包住它們的國家領土合併。這一協議若得到落實，世上的飛地數目會劇減七成。屆時許多住在飛地裡的人不會為飛地的失去而難過，因為其中許多人想改國籍。之所以想改國籍，原因之一是奇特馬哈爾的人家，大部分是逃離自己國家而來。在孟加拉境內的卡賈爾迪吉（Kajaldighi）飛地裡，有個七十歲的印度籍穆斯林，他接受政治地理學家里斯‧瓊斯（Reece Jones）訪談時憶道，他和他的家人於一九六九年來到那裡，因為「當時印度境內穆斯林遭暴力壓迫，打鬥、殺人、勒索頻傳。我們被當地地主威脅。為保住尊嚴、名譽、性命，我們只好逃掉。

每個人都逃到了這裡。」他接著說：「當時這些飛地裡的人，個個都是印度教徒。我們一到這裡，他們就離開了。」如果這塊飛地被併入孟加拉，這個老人會很高興。

但其他人對這樣的未來就沒那麼樂見。為了取得「返回」印度的權利，已有人成立遊說團體「印度飛地難民協會」。這一團體信誓旦旦表示，來自孟加拉境內印度飛地的「難民」想回印度，卻在自己祖國被視為外國人。他們在印度境內遭到拒斥，想取得定居權卻被拒。該團體發言人之一的戴卜・辛迦（Deb Singha）抱怨道：「印度境內孟加拉飛地的居民此後會被叫做『印度人』，而我們儘管是印度人，卻沒有那權利。」

奇特馬哈爾最後可能成為棘手的爛攤子。涉入的國家，每次都無心施予援手，不是對這些人的困境冷漠以對，就是存心讓他們陷入悲慘境遇。奇特馬哈爾的居民遭遇了共同的困境。這些地方遭國家遺棄，也遭國家獵捕。它們的紙宮殿是不受國家約束的島，但也是國家之內的監獄。弔詭仍在：政府是我們自由所不可或缺，但政府也擺布我們，要我們乖乖聽話。我們所有人都無所逃於這一兩難：人既需要國家又痛惡國家，那是現代生活免不了的一面。有些人藉由自立政府避掉這一與政府的不穩定關係。但脫離一國自建國家，也帶來另一種的難題。

「我為何不能有自己的國家？」

席蘭
Sealand

51°53'40"N 1°28'57"E

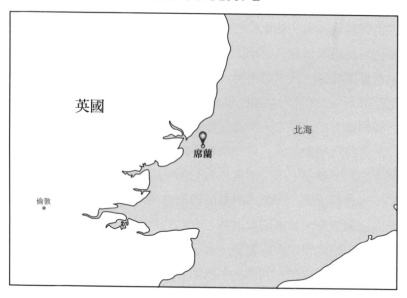

　　「為何我不行？」這是現代人常掛在嘴上的話，既天真，又饒富深意。這種心態的極致表現既惹人發笑卻又無可避免：我為何不能有自己的國家？有自己的法律，那不是很有趣？那不就是真正的自由？可以選擇的話，挑個島嶼建立自己的國家不是最好？既是島嶼，邊界就真實且明確。島再怎麼小，在島上，獨立地位再具體不過。運氣好的話，你的王國會是無人聲索之地，就在那等著你去當王，你只需跳上岸，展開你的旗子，宣告主權即

可。席蘭就是如此。

席蘭公國是外號派迪（Paddy）的退役陸軍少校羅伊・貝茨（Roy Bates），於一九六七年在一廢棄的二戰炮床上建立的「獨立國家」。它位在英格蘭埃塞克斯郡岸外的拉夫沙洲（Rough Sands）上，擁有五百五十平方公尺不適人居的區域。這個炮床建於國際水域，戰後遭棄，因此在一九六七年九月二日，貝茨和他的家人把自己吊上他們自覺有權擁有的這座廢棄海上堡壘，宣告主權。貝茨替自己和妻子封了國君和王妃的頭銜，「王族」著手把席蘭打造為家和王國。

世上諸多自行創立的國家可分為幾類，微國家（micronation）即屬其中一類，又稱平台國（platform state）。席蘭則是說明微國家的最佳例子。這些海上國家存世往往不長。美國小說家厄內斯特・海明威（Ernest Hemingway）的弟弟萊斯特（Leicester Hemingway），曾是新亞特蘭提斯（New Atlantis）這個竹搭平台共和國的總統，但任期甚短。這個平台位在牙買加島的西岸外，以一根火車車軸和一個福特汽缸本體為錨固定在海上。這個平台毀於一九六四年颶風後，海明威創造了另一個這樣的封地：「海邊之地」（Tierra del Mar），是個八百四十平方公尺的平台，建在巴哈馬群島附近的一塊沙洲上。但美國國務院說服他勿宣示主權。他們擔心「海邊之地」可能被不友善的強權拿來作為吞併附近島嶼的跳板。

相較於這類禁不起外力打擊的微國家，席蘭的歷史顯得悠久且豐富。一九六八年，英國皇家海軍派兩艘炮艇去驅逐貝茨一家人。羅伊・貝茨朝炮艇開槍示警，遭捕。但他在切姆斯福德

（Chelmsford）法庭上主張英國法律不適用於席蘭。一九六八年十一月二十五日宣判時，該法庭宣布席蘭在英國領土之外，從而不受英國管轄。席蘭人志得意滿，開始發行金幣、銀幣（「席蘭元」）和郵票。這些錢幣和郵票被收藏家當成珍品，銷售所得為這個新王國挹注了財源。席蘭人也發了護照，但護照是否也是可用錢買的商品，未有定論。席蘭史上下一個引人注目的事件，發生在一九七八年一群德國、荷蘭生意人帶著商業提案登門拜訪時。他們踏上席蘭時，拿出槍奪下這堡，把羅伊·貝茨的兒子暨接班人王子麥可關了三天。他的父親發動反擊之後，他才獲釋。此島的線上新聞網站 Sealand News 報導了貝茨的說法——

> 我們打電話給一位有直昇機的友人，他曾在○○七電影裡當特技替身演員，但這是他第一次來真的。我帶著一把槍從直昇機下到平台，發了一槍，喊道：「每個人把手舉起來！」就這樣。

雙方開了好多槍，但無人傷亡，入侵者遭貝茨等人以道地的詹姆斯·龐德方式迅速制服，擄為「戰俘」。德國政府請求英國出面干預，英國告知這座堡壘不在英國管轄範圍內。後來，一德國外交官抵達，戰俘隨後獲釋。但最早獲釋者是荷蘭公民。唯一的德國籍入侵者較晚才釋放，因為席蘭官方認定他擁有席蘭護照，因而犯了叛國罪。

那時是席蘭的輝煌年代。但大部分遊戲，投入再怎麼認真，最後都變得興味索然，玩家一個個走人。雖然取得軍事勝利，

一九八〇年代，席蘭開始疏於維修，不再使用。一九八七年英國將領海從三哩擴大到十二哩時，它的獨立地位也遭到質疑。席蘭以宣告自己的十二哩領海回敬，宣布吞併英格蘭沿岸的哈里奇（Harwich）、費利克斯托（Felixstowe）兩地。

但英國未試圖拿下席蘭，英國政府仍視它為實質獨立國。國君羅伊身為席蘭住民期間完全未繳英國國民保險。此外，席蘭明顯違反英國法律的行徑，一如既往未受懲罰。例如，羅伊・貝茨於一九九〇年覺得有艘船偏離路徑，太靠近他的王國，於是朝船「開槍示警」，事後船員控訴此事，官方卻未究辦。在席蘭公國的官修史書中，貝茨家族宣稱這「清楚表明英國內政部仍把席蘭視為位在他們控制區外」。

令人遺憾的，席蘭的冒險形象於一九九〇年代沾染上不道德的色彩。殺害時尚設計師凡賽斯的凶手於邁阿密某船屋裡自殺後，美國警方於一九九七年發現船屋的所有人擁有席蘭護照。二〇〇〇年春，西班牙警方逮捕了一個與國際販毒和洗錢有密切關係的黑幫。這個黑幫擁有數千份席蘭護照。接受國際刑警盤問時，羅伊・貝茨堅決表示席蘭護照非販賣品。「席蘭始終是個遊戲，是個冒險活動，很遺憾看到它變成這樣，」他告訴某記者。後來查出這些假護照都來自一名德國人，即將近二十年前試圖用武力奪取席蘭的那個德國人。他自封席蘭的財政部長，創辦了空殼的席蘭商業基金會，得意表示他已賣了超過十五萬份假席蘭護照。在席蘭國的網站上，也有人宣稱「許多偽造的護照賣給中國收回香港時離開香港的人，每份一千美元」。

一九九九年席蘭租借給網路公司 HavenCo 一事，使它已然

污損的形象變得更不堪。矽谷投資人把數十萬英鎊投入種子基金，以把席蘭打造為禁絕外人進入的網路伺服器和「高頻寬數據避風港」。兒童色情影片、垃圾郵件、惡意駭入他人電腦的行徑在禁止之列，但由於未對透過其伺服器提供之資料的版權或智慧財產權施予任何限制，席蘭似乎已準備好成為檔案分享和其他違法活動的中心。注入的資金被貝茨家族拿去穩固其王國。他們安置了一座海水淨化廠和新發電機，建立了高速衛星連線裝置，架起與英國的微波無線電通信線路，配設了數哩長的纜線。由於這筆額外資金的挹注，王子麥可也建立了席蘭陸軍和海軍，配備有機槍和高速小艇。儘管如此，HavenCo 的顧客很快就開始流失。把大部分顧客嚇跑的因素，似乎是席蘭所有網路連結都經由英國，而英國宣稱席蘭位在其領海內。二〇〇八年，HavenCo 破產，麥可·貝茨餵給媒體一則消息，說席蘭求售，賣價七百五十萬歐元。這似乎是為了激起外界對新租借協議的興趣而使出的技倆。由於沒有新資金挹注，二〇〇〇年代晚期，席蘭再度人去樓空，王子麥可則在濱海利（Leigh-on-Sea）一地度過餘生。這裡也是他父親度過餘生的地方。羅伊·貝茨於二〇一二年十月九日去世，享年九十一歲。

在 Sealand News 網站上，瓊安·貝茨（Joan Bates）以浪漫口吻描述了在席蘭的生活：

> 那是個童話故事。說到男人給予女人的恭維，還有什麼恭維比讓她成為自己公國的王妃更讓她受用？我超開心能自稱王妃。拿著我們的席蘭護照在海外旅行時，

　　我們總是受到無微不至的關愛，受到王族般的對待。

　　那是個當下就能心領神會的幻想。對於我們之中許多被傳統國家沒完沒了的規定和不講人情的行政機關弄得厭煩、洩氣的人來說，創建自己島嶼王國的想法總有莫大的吸引力。事實上，晚近關於席蘭的故事裡，凡是最能道出其真正本質的故事，都與新一代生態自由主義規畫者（eco-libertarian planner）如何將席蘭當成偶像一事有關。二〇〇八年在美國加州創立的海上家園協會（Seasteading Institute），就把席蘭當成先驅來景仰。該協會簡單明瞭陳述了它的職責：「創造可長可久的海上平台，讓人們如果不滿意於在堅實地面上的生活時，可選擇它們作為居住之所。」人造的海上王國魅力日增，而在馬爾地夫與杜拜所打造的新島嶼和在正轉型為漂泊海上之永久聚居地的新一代郵輪上，已可體會到那一魅力的大半。但席蘭魅力的根源，把我們帶進這些冒險行徑所仍未明白指出的地區。它是獨立之地，享有主權之地，真正擁有自己空間之地。它或許是個愚蠢的幻想，但那是重要且非常人性的幻想。

非洲境內未受承認的國度

隆達丘克威聯合王國
United Kingdom of Lunda Tchokwe

12°39'S 20°27'E

雖然連帶產生不少有關裂解與危機的正反爭辯，新國家的誕生卻是擋不住且無休止的過程。此事之所以成為棘手且敏感的話題，原因之一在於族群仍是大部分建國行動最重要的因素。世人普遍傾向於將這類族群主張視為大倒退，從而把許多初萌生的國家打入地緣政治陰影裡。隆達丘克威聯合王國就是在地緣政治陰影裡受冷落、被外界忽視，但仍不斷抗爭。

隆達丘克威涵蓋安哥拉的東半部。如果這個王國為安哥拉

以外的人所知，那是因為一件事：世上前幾大鑽石礦，有一些就座落在那裡。它的面積稍小於西班牙，人口僅四百五十萬，卻是非洲境內未受承認的數十個國家之一，也是非洲自由國家聯盟（Federation of the Free States of Africa）二十一個成員之一。它是該組織之核心群體的主要成員，因為它是「經濟與防衛同盟」（Economic and Defence Alliance）的一員。這一同盟由十一個雛形國家（proto-state）組成，宣稱非洲西南部數大塊地區為他們所有。南蘇丹的成功獨立增強了非洲自由國家聯盟的信心，但其成員仍得相濡以沫，因為其他國家對他們一點都不感興趣。無人聞問反映了對族群分離主義的猜忌，因為如果隆達丘克威如願建國，那麼非洲境內其他族群為何不能如法炮製？那會使蘇聯解體變成小兒科：非洲大陸很可能變成數千國林立之地。

但有一些政府非常認真看待這些初具雛形的國家，因為那些政府轄下的土地，有一部分被這些雛形國家宣稱為他們所有。安哥拉已把隆達丘克威分離主義分子的活動定性為犯罪活動，迫使許多行動主義者逃亡國外。有個掛上「隆達丘克威受保護國法律社會學宣言委員會」（the Commission of the Legal Sociological Manifesto of the Lunda Tchokwe Protectorate）這個冗長招牌的團體，其將近四十名成員於二〇〇九年四月至二〇一〇年十月間遭指控「搞亂國家秩序」而被捕，另有兩百七十名涉嫌支持該團體者也被捕。許多人入獄。其中一人麻特希希納‧恰蒙巴拉先生（Don Muatxihina Chamumbala）後來去世，如今被捧為「為捍衛隆達丘克威人民天生權利而喪命的第一位烈士」。該委員會指控非民選的安哥拉政權犯下眾多迫害人權之

事，任由他們的地區敗壞而置之不理。這一團體的網站宣稱：「隆達丘克威的居民非常清楚這個盛產鑽石的區域處於遭完全遺棄的狀態。」

　　隆達丘克威的故事說明了一個現代弔詭：在日益相信國家認同應與族群認同無關的世界裡，族群民族主義仍具有沛然莫之能禦的力量。民族國家或許誕生自語言、文化紐帶，但當前這類官僚政治掛帥的民族國家，被認為是後族群的，或至少能調和族群多元性的。英國人或美國人的身分界定關鍵，在於持有應有的護照，而非擁有應有的傳統。世上諸多未受承認之國家的領土主張，很有可能扼殺這股泯除族群畛域的力量，而非洲自由國家聯盟的說詞，非常清楚點出它眼中那些偽國家（例如安哥拉、奈及利亞、塞內加爾、肯亞）的失敗之處。在其官方網站上，這一組織的祕書長曼哥沃・恩哥尤（Mangovo Ngoyo）解釋道，這些國家「會一直有麻煩，因為它們未構成一個像英格蘭那樣的國家」，而是構成「數個國家，那些國家個個有自己明確的文化、國家認同、自成一格的語言、自己的建築、自己的歷史。」恩哥尤哪國不挑，偏偏挑英格蘭為例，反倒證明他的論點站不住腳。自一七〇七年和蘇格蘭結合，發展成一個現代的、多族群的、調和多種文化和傳統的聯合王國起，英格蘭三百多年來一直不是一個國家。那不表示在英格蘭或其他任何地方，族群民族主義已銷聲匿跡，反倒意味著它倖存至今，且與其他種地緣政治形態（比如國家、地區）保持著令人憂心的關係。未受承認之國家所提出的要求，更突顯這一未解決且棘手的關係。事實上，非洲自由國家聯盟大肆宣傳英國首相大衛・卡麥隆的以下聲明：「國家多文

化主義已失敗」。恩哥尤補充道：「多文化主義當然注定失敗。只有所有人都拿同一本『合唱歌本』唱歌，一個國家才可能是一個國家，不然，不會有和諧悅耳的聲音。」

恩哥尤還說：「怎能指望我們維持『以殖民手段畫定邊界的國家』的和諧呢？」正是這個觀點，把我們帶到隆達丘克威境內民族主義分子眼中的問題核心。他們不只把「多文化」安哥拉視為失敗國家。對隆達丘克威行動主義者來說，安哥拉是殖民強權，它的殖民主義是歐洲殖民主義的延伸。他們認為自己土地上的天然資源被搶走，其利潤被送到外人口袋裡。過去，利潤流到該區域的前殖民主子葡萄牙，如今則輸送到安哥拉東岸那些急速發展的城鎮。葡萄牙人用來反駁分離主義的那些論點，如今被安哥拉政府大加利用：原住民的反抗是部落主義的徵候，得想辦法讓安哥拉人民免受派系戰爭的危害。他們宣稱安哥拉是多文化國家，從而是現代的、自由主義的國家，宣稱民族主義者是仇外分子，藉此安哥拉政府得以賦予上述的舊論調以現代新義。對於因為自己的族群身分而常入獄的行動主義者來說，那是個讓人怒火中燒的指控。

事實上，隆達丘克威與多文化主義的關係，比非洲自由國家聯盟的某些說詞所暗示的還要複雜。矢志建立一「聯合王國」本身，點出了兩件事，一是隆達和丘克威原是兩個互不統屬的群體，一是把它們兩者結合在一塊的那段漫長歷史。隆達王國的版圖於一六八〇年時達到十五萬平方公里，且繼續擴張，到了十九世紀末期，面積已增加一倍。在這一擴張過程中，這一王國發展成由數個心懷不滿的氏族構成的聯盟。其中一個納貢的氏族「丘

克威」舉事反抗隆達統治，到了十九世紀末期，已實質上摧毀這個老王國。當今的民族主義團體極看重在這段期間和在葡萄牙與當地國王簽署諸多保護國條約時，葡萄牙承認隆達丘克威一事。但它不是個特別穩固的法律先例。純粹因為隆達王國的持續解體，葡萄牙人往東擴展他們的帝國才會那麼容易。此外，這是始終很偏遠的地區。葡萄牙人真正看重的地區是其在一五七五年創立的濱海殖民地。東邊的遙遠內陸地區不在葡國控制範圍，也不在葡國感興趣之列。有些專家主張，直到一九三〇年代，葡萄牙人才與丘克威人有接觸。葡萄牙人的確是從一九三〇年代起，才成功將該區域併入已建立的安哥拉殖民地，即一九七五年獨立的安哥拉的前身。

這段簡史告訴我們，與安哥拉不同的，隆達丘克威能理直氣壯宣稱自己有一段豐富、複雜、獨立的非洲史。它也顯示隆達丘克威與安哥拉的關係是晚近才建立，非常淺薄，以及顯示「隆達丘克威」並未擁有一致的文化，是個多元化的群體。隆達丘克威的不同族群已打造出共同的地方感和群體效忠感。這一認同是很晚近的產物，但仍很重要，因為它將人民與世上一特定地區相連，從而固定並維繫住對過去與未來的一個共有的想像。

眼下，隆達丘克威登上全球新聞媒體的機率微乎其微。公開和安哥拉政權唱反調太危險，而且隆達丘克威沒有軍隊或造反武力。安哥拉不會讓自己被一分為二，在這個非洲地區沒有哪個國家不支持其對分離勢力的鎮壓，因為這是股威脅到這地區每個國家的勢力。我們可以很有把握的斷言，隆達丘克威聯合王國短期內不會出現在我們的地圖冊上。但會繼續有新國家誕生，尤其是

在族群主張和領土主張已被歷史強行壓下的那些地區。在這一時代環境下，不斷有人重新想像出和重新發現一需要，即宣告有權建立自己國家和捍衛自己國家的需要。要創造這類新地方，絕非易事，但要使安哥拉之類的殖民地時代的合成產物不致裂解，同樣艱鉅。

獨立就是美滿的句點嗎？

加告吉亞
Gagauzia

46°19'N 28°40'E

　　加告吉亞的故事讓我們見識到民族主義那股非把國家分割再分割為諸多較小單位絕不罷休的力量。加告吉亞位在摩爾多瓦南部，摩爾多瓦則是有三百五十萬人口的內陸小國，夾處在烏克蘭與羅馬尼亞之間。摩爾多瓦於一九九一年脫離蘇聯獨立，但如今它是由數個民族拼接而成，且跡象顯示接合處就快脫線。

　　加告吉亞的版圖零碎不成一塊。這個有意獨立建國的自治區，由摩爾多瓦境內四塊大小不一的飛地組成，總面積為

一千八百三十平方公里，約是羅德島的一半，人口為十六萬一千
人。若獨立建國，它絕對是個蕞爾小國，但人民追求自由的心念，
與他們的人口數或領土大小並沒有成比例的關係。促使民族飛離
自立的力量，具有一股向心力：那是股具創造性且不可預測的動
力，在其滿足其他的獨立要求之際，同時也產生新的獨立要求。
切誤以高高在上的姿態看待加告吉亞之類地方或把它們視為混
亂地區的產物，因為在此地大行其道的分裂邏輯，也在其他地
方運行。

　　獨立建國並非一次性的事件，並非一翻開可逕自予以闔上的
一本書。比如，有人以為蘇格蘭一旦獨立，一個長長的故事即畫
下美滿句點。這麼想或許讓人覺得欣慰，但民族主義外溢，流行
開來，使其他建立在
地方上的認同轉化為
建國大業。如果蘇格
蘭獨立，為何昔德蘭
群島不該獨立？如果
摩爾多瓦獨立，為何
加告吉亞不該獨立？
建國是個不只滿足需
要也創造了需要的過
程。

摩爾瓦多內的加告吉亞範圍（深
色區塊）。

　　研究過加告吉亞的人不多，土耳其人類學家許莉雅・德米爾迪雷克（Hülya Demirdirek）是其一。就連她都對加告茲人自封為「加告吉亞」這個國家實體一事感到有些困惑不解。「加告吉亞」這個詞和這個構想，二十年前還幾乎沒人聽過，因為在蘇聯解體之前，不存在這個地方。在某場討論「後共產主義人類學」的研討會上，德米爾迪雷克坦承，「加告茲人自認自己是誰」這個問題很難回答。傳統答案之一，乃是把加告茲人說成發祥自保加利亞，操加告茲語（與今日土耳其語類似的一種語言）的東正教徒。他們是基督徒與突厥語族混合而成的獨一無二族群，有些加告茲人宣稱自己是保加利亞的開山始祖，九世紀時征服該國的保加爾人（Bulgars）的後裔。但在他們複雜的歷史傳統裡，有一和這問題更為相關的一面，即加告茲人是摩爾多瓦境內在文化上最俄羅斯化的族群之一，許多加告茲人愛講俄羅斯語甚於加告茲語。對加告茲人來說，這是很不幸的一層關聯，因為摩爾多瓦民族主義的核心精神，乃是對他們前蘇聯主子根深柢固的反感。隨著摩爾多瓦的獨立進程更接近開花結果，加告茲人赫然發覺自己日益被描繪成外族，非我族類，以俄羅斯母國為真正效忠對象。

　　就是在這一瀰漫敵意的氣氛中，一九八八年，一個名叫「加告茲人」（Gagauz People）的社會團體創立，開始要求獨立。一九九〇年摩爾多瓦國會的一份報告，把加告茲人稱作一少數「族群」，而非少數民族，從而加深這個團體的疑慮。選用「族群」而非「民族」這個字眼，被普遍解讀為存心羞辱。摩爾多瓦人民陣線（Moldovan Popular Front）的某些成員甚至要求加告

茲人像俄羅斯人那樣「回家去」。就是在這時期前後，有人創造出「加告吉亞」一詞。

欲把一地改造為一國的念頭，不必然產生自久遭壓抑的強烈願望，但有時會一下子迸現，尤以族群身分曾遭蘇聯之類多國家的龐大實體吸併，而今懷有遭差別對待、遭忽視之感的那些弱勢族群，最可能出現這種情形。那一自覺受輕視之感，催生了一些有用的迷思。據說加告吉亞老早就遭壓迫，加告茲人老早就渴求自由。有些人甚至主張，他們不是外來族群，而是比摩爾多瓦人更早就住在這個地區。這些說法幾乎全不符事實，加告吉亞一點也不古老。除了曾在一九〇六年宣告獨立，建立一個壽命只有五天且領土局限於首都的科爾馬特共和國（Republic of Kormat），加告茲人從未認為需要有自己的國家。

歷史的短淺似乎反倒激發加告茲人強烈的政治抱負。一九九〇年，非官方的加告茲旗（白圈圈裡一顆引人注目的紅狼頭）出現在官方建築上，加告茲人宣告獨立。隨之舉行了總統大選，在科爾馬特成立了政府。接下來四年期間，加告吉亞宣稱其為獨立之國，但其他國家無一打算承認其存在。一九九四年晚期，摩爾多瓦願意讓「加告吉亞的人民自決」，於是有了一場公民複決，從而造成今日這裡一塊那裡一塊飛地的局面。三十個村鎮投票贊成成為新創立的「國家自治領土單位」的一員。

這些讓步算不上什麼，因為真正的獲益乃是一道承諾，即承諾如果「摩爾多瓦共和國的狀態改變」，加告茲人可自行決定去留。這之所以重要，在於若非境內有少數民族，摩爾多瓦大概會選擇和與它有共同歷史、語言的羅馬尼亞合併。這一統一運

動是摩爾多瓦政壇上最大的勢力之一，如果統一成真，加告茲人將從多元國家裡一個人數雖少但能強勢表達自己主張的少數民族，變成泛羅馬尼亞國家裡一個無足輕重的族群。加告茲人和住在摩爾多瓦東部邊陲更激烈追求獨立自主的外涅斯特里亞人（Transnistrians），都已獲摩爾多瓦政府承諾，如果羅、摩兩國合併，他們可以脫離自立。

但過去二十年已讓加告茲人清楚看出，「國家自治單位」的身分未能帶來什麼實質效益。加告吉亞仍是摩爾多瓦最窮的區域之一，而摩爾多瓦則常被稱作歐洲最窮的國家之一。妥協的呼聲漸弱，而追求分離的勢頭，則隨著加告吉亞廣播電視台（Gagauzia Radio Televizionu）所領導的一家獨立加告茲媒體的壯大，而被注入新生命。二〇一二年，一加告茲民族主義分子朝來訪的德國總理梅克爾的車隊丟了一枚土製汽油彈。同年，跡象顯示摩爾多瓦、羅馬尼亞統一的腳步加快，加告吉亞省長米哈伊爾・佛穆札爾（Mihail Formuzal）為此憤怒回應，揚言宣布獨立，並誇稱這一次他的國家會得到國際承認。

民族主義的分裂邏輯，有一令人憂心的特質：幾乎沒沒無聞的國家分解後，又形成數個幾乎無足輕重的更小單位。這創造出無人知曉的地理，新身分與新國家頻頻出現，多到讓我們無法確定它們的所在位置或發出它們國名的音。這地區之外的人對此舉手認輸：加告吉亞之類的地方被歸入一堆受冷落的雛形國家裡，且這樣的國家越來越多。在這一反應的後面，藏著一可以理解的憂心：如果每個國家都開始裂解，政治地圖分解為一大堆不斷增殖的地方，那該怎麼辦？讓自己不受民族主義欲求的影響去覺得

他們是錯的或可悲的，或許可免去繼續深究的麻煩。但這種高高在上、想草草打發掉的心態，就和加告吉亞虛構的過去一樣，建立在許多迷思和想像上。而且這些心態失之褊狹。許多加告茲人想有自己的國家，因為沒有自己的國家，就無法脫離無根、邊陲的處境。這雖是他們虛構出的想法，但並不會因它是虛構就變得比較不真實。

【七】
浮島

Floating Islands

無法確定位置的漂流地,
讓我們得以與地球建立較自由的關係。

這樣的島，能住人嗎？

浮石島和垃圾島
Pumice and Trash Islands

漂浮地的魅力之一，在於它們無法確定位置：它們讓人有機會逃離平淡實在的生活，與地球建立較自由的關係。有些漂浮地仍得固定在冰山或困在冰上（尼普特克噴造式冰島），但新一代的居住船應該會讓我們思考以下觀念：可移動的地方可以既是家，又是移動工具（「世界號」）。自希臘神話人物奧德修斯拜訪過艾奧利亞（Aeolia）這座浮島後，漂浮地就一直存在我們腦海裡（該島島主是掌管四大風向的風神）。當格列佛走訪拉普達（Laputa）這座住了許多沉迷於科學研究者的空中王國，以及當杜立德醫生踏上中空「海星島」晃動的海岸時，他們參與了一個悠久的地理幻想傳統。隨著讓玩家快速往來於許多小島之間的電腦遊戲盛行，漂浮地成為許多人憧憬的地方。這進一步證明了一件事，即對於像我們這樣被綁在陸地上的動物來說，漂浮的或未被繫住的陸地，本來就令人著迷。

因此，不足為奇的，海上有漂浮島的消息傳出後，其招來的反應是由衷的欣喜。那兩座浮島竟似乎在同時為人發現，使人加倍高興，但兩者的差異何其怪哉。一個是塑膠垃圾的結合體，人稱太平洋垃圾漩渦（Pacific Trash Vortex）。另一個是火山爆發的天然副產物，人稱浮石筏（pumice raft）。這兩者都不是我們夢想中的艾奧利亞島或海星島，連垃圾漩渦這個名字都讓人覺得邪惡，但兩者仍出奇得叫人興奮。於是，就有了亟待解開的疑問：

能在它們上面走動嗎？它們能住人嗎？對浮石筏來說，兩個問題的答案都是「是」，對那個垃圾漩渦來說，則是「大概不行」。

目前為止所記錄到最大浮石筏之一，發現於二〇一二年。事實上，把它叫做「筏」對它並不公平。這個浮石筏，由紐西蘭空軍發現於奧克蘭附近海岸外六百二十英里處，覆蓋一萬平方英里的海面，如紐西蘭新聞界所說的，「將近比利時的大小」。海軍軍官提姆・奧斯卡（Tim Oscar）中尉說，它是他在海上十八年來所見過「最怪的東西」。事實上，較小型的這類筏並沒有那麼罕見，且非只見於太平洋，因為它們是海底火山噴發所造成。約兩百年前，海洋學家就在海圖上標示它們的跨洋航程。

但就連經驗豐富的海洋觀察家和船員，似乎都被它們嚇了一跳。二〇〇六年八月，瑞典人佛雷德里克・法蘭松（Frederik Fransson）搭乘「麥肯號」（Maiken）快艇前往斐濟途中，駛進一個浮石筏裡。他的航海日誌如此描述當時的情景：

> 我們注意到水中有褐色、微帶紋理、呈帶狀分布的東西。起初我們以為那可能是倒在海上一段時日的燃油。有些船會清洗油槽。但一會兒之後，那道東西變得更大更常見，有拳頭般大，似岩石的淡褐色物浮在海中。水呈現奇怪的綠色，也像「潟湖」。最後我們越來越清楚那是什麼東西，肯定是火山噴發出的浮石。然後我們駛進寬達數英里、密密麻麻的廣大浮石帶。由於沒風，我們靠馬達前進，才幾秒鐘，「麥肯號」的航速就由七節降為一節。我們看呆了，忙著拍照，因而往這超現

實的浮石區緩緩駛進約兩百公尺後，才意識到得回頭。

　　法蘭松接著說明浮石刮擦船底的情景：「猶如航過砂紙」。他的照片顯示數英里長密集的岩塊在海面上隨波漂蕩。海洋科學家所拍的照片表明，浮石能往上積得相當厚，有時伸出海面數呎，形成一片高低起伏的景觀。就是在這個地方，浮石筏承受得住人的重量，儘管到目前為止，似乎都只在近岸處做過這項測試。

　　浮石筏最後漂向陸地，堵住它們所闖進的港灣。它們與陸地接觸時，人們看出它們絕非荒涼不毛之地。多種有殼水生動物附著在浮石碎塊上。關於動植物如何傳播到世界各地，有種新科學理論是「它們借助浮石筏完成長距離快速散播」。有人針對浮石筏的遷徙與居民做了調查，發現它們棲息了許多生物，而那些浮石筏與「麥肯號」所駛入的浮石筏來自同一個海底火山的噴發。美國丹尼森大學（Denison University）的地球科學教授艾瑞克‧克萊梅蒂（Erik Klemetti）記錄了所找到的東西：

　　在漂流過程中，這塊浮石不久就成為八十多種海洋生物的家。在某些例子裡，單一浮石碎屑棲息了兩百多隻同一種的藤壺（這意味著這個浮石筏住了超過一百億隻藤壺）。這些生物有一些是常住民（亦即附著其上），有一些則是過客，因此，如果這塊浮石漂上岸，可能會有螃蟹迅速下車，爬上島。這塊浮石筏被噴發出來一年半後，有些碎屑已有四分之三的表面被生物覆蓋。

有時這些搭便車的生物多到導致浮石沉沒或一側朝上，
在單一浮石碎屑上創造出了微環境！

克萊梅蒂推斷：「在晚近的地質歷史裡世界各地所常發生的這些火山活動，可能是促成生物移生到世上諸大洋之不同區域的重要推手。」

最近數年，有關浮石筏的報導，特別是法蘭松的部落格和照片，一直以主旨為「look at this!」的郵件並附加檔案的形式，在世界各地流傳。人人都很喜歡浮石筏。太平洋垃圾漩渦的景象嚇人，但叫人吃驚的程度絲毫不遜於前者。其面積的估算結果，差異極大，實際大概在七十萬至一千五百萬平方公里之間。比利時似乎已成為判定大型漂浮物大小的國際標準，因此，我們把這些數字轉化為二十二個比利時到五百九十二個比利時，也就是將近澳洲兩倍大。這個垃圾漩渦又名「太平洋垃圾帶」（Great Pacific Garbage Patch），並非以單一實體的形態存在，而比較像是濃湯般或銀河般的一堆垃圾，大部分在水下緊貼水面漂浮，或凝結在水面上。目前為止所發現的垃圾裡，包括足球、單人小艇、樂高積木等，以及常見的大量塑膠瓶和漁網。誠如唐納文・霍恩（Donovan Hohn）於《白鯨記》裡所披露的，它也是許多玩具鴨的長眠之所。

被人丟出船外或從太平洋岸沖到外海的東西，被海水環流帶著跑，最後落腳在這處消費主義墳場裡。一如浮石筏的情況，對於這一新景觀的最早期記述，有一則來自一名愛冒險的遊艇駕駛人。一九九七年，查爾斯・摩爾（Charles Moore）從夏威夷

返回洛杉磯途中，決定把遊艇駛入太平洋上因水流緩慢且無風而被水手避開的一處海域。他大吃一驚，發現自己航入滿是髒東西的海域。「每次我到甲板上，都有垃圾從船邊漂過。這麼一大塊區域，我們是怎麼把它弄髒的？怎麼會開了一個星期都是這幅景象？」從石油產業承繼了大筆財產的摩爾先生，自那之後成為助世人認識垃圾漩渦的主要人士和垃圾漩渦的主要研究者。它們面積遼闊且是人所造成，世人卻對它幾乎一無所知。垃圾漩渦如何移動、它們裡面的垃圾被洋流分隔為哪幾種形態、那些垃圾後來去哪裡之類的基本疑問，至少仍未找到答案。海洋學家柯蒂斯・埃貝斯邁耶（Curtis Ebbesmeyer）主張，垃圾漩渦「像一隻沒被拴住的大型動物四處移動」，常在找到陸地後，把塑膠製品咳出，撒遍整個海灘。埃貝斯邁耶以怪誕但貼切的言語形容道：「這個垃圾帶嘔出東西，於是海灘上布滿這些紛然落下的塑膠製品。」

各大洋都有環流（gyre），而垃圾被這類洋流帶著跑，因此，可想而知，在許多大洋裡都有垃圾漩渦在形成。事實上，太平洋有兩個垃圾漩渦，另一個是已在日本外海發現的「東垃圾帶」。但還有「北大西洋垃圾帶」，一九七二年首度被人認出。它一年漂移一千六百公里。「海龍號」（Sea Dragon）研究船自二〇一〇年起一直在地球各地調查垃圾漩渦，拍下極難得的北大西洋垃圾帶照片，把大量垃圾在北大西洋洶湧海面載浮載沉的景象呈現世人眼前。

但我們的話題不能就此結束。上述文字跨越時空，把我們從荷馬筆下的艾奧利亞島帶到寒冷大西洋上大片灰色塑膠漂浮物。

這段敘述或許可滿足痛心呼籲保護環境的環保人士的需要，卻不足以充分表達我們對漂浮之地的愛戀，因為即使在它們由垃圾構成之時，它們仍令人驚喜。一個非常古老的欲求已被激起，而誠如接下來會看到的，如今正有人用人造浮島來實現和測試那個欲求。

在水上建造城市

漂浮的馬爾地夫
The Floating Maldives

　　為荷蘭碼頭區建築事務所（Dutch Docklands）效力的荷蘭建築師柯恩・歐道斯（Koen Olthuis）解釋道：「我曾以為只有窮人才會住在水上。」但由於人口成長和海平面上升，這一看法必須修正。荷蘭碼頭區創立於二〇〇五年，如今已是在浮島科技方面公認的市場龍頭。該事務所規畫的工程，從挪威的一家浮冰飯店到「漂浮諺語」（Floating Proverb），非常多樣。「漂浮諺語」是計畫建造的一組八十九座浮島，位在杜拜的人工島「傑貝勒阿里棕櫚島」（Palm Jebel Ali）周邊。這些浮島的布局，將拼出杜拜統治者穆罕默德・本・拉希德・阿勒馬克圖姆（Sheikh Mohammed bin Rashid Al Maktoum）寫的一首詩：「從智者汲取智慧……靠有遠見之人，才得以在水上寫字。」

　　但荷蘭碼頭區卻是在馬爾地夫共和國揚名立萬。這個事務所在該國開發了名叫「大洋花」（Ocean Flower）的新建住宅區，一座座豪華別墅浮在海上，構成一朵花的圖案。「大洋花」的漂浮宅如今交易熱絡，完工之後，從首都馬列（Malé）坐船過來只要二十分鐘。這裡的住戶不會是窮人：最小的單位，要價都從九十五萬美元起跳。荷蘭碼頭區的廣告文案寫道，「太陽花是獲取高額投資回報的絕佳機會」：特別是一旦你開始「透過五星級飯店經營者把你的房地產租出去」的話。

　　「大洋花」只是開端。馬爾地夫政府已和荷蘭碼頭區簽了

一份合同，將馬列環礁周邊其他四個潟湖租給該公司，為期五十年。荷蘭碼頭區打算利用填充了泡沫與混凝土的巨筏，建造多種不同大小、形狀的漂浮物，包括一座兩頭分別位在一迷你群島與「綠星」（Greenstar）的高爾夫球場。「綠星」是個層層疊起的星狀綠色島，其最上面幾層將蓋起一棟豪華飯店。星形似乎具有深意：用荷蘭碼頭區建築事務所的話說，它「象徵馬爾地夫在克服氣候變遷上別出心裁的辦法」。他們還說：「它會成為氣候變遷、水管理、永續性方面之大會的最佳舉行地點。它旁邊會蓋起一座獨一無二的『漂浮餐廳島』。」

從此，超級富豪能指望在他們越來越值錢的漂浮房地產間飛行，同時讓地球免遭環境災難。晚近《時代》雜誌的標題，概括點出這一趨勢：「漂浮科技會使逐漸上升的海成為最好的不動產。」但據歐道斯的說法，「富人」這種資源只會滿足我們一時所需。歐道斯這個年輕人，有著又黑又長的鬢髮，行事熱心透著孩子氣，已讓一些人相信，富人的職責就是「為窮人支付創新所需費用」。他同樣熱切追求的目標之一，乃是徹底改變世人的觀念，使人願意建造被水覆蓋的空間。他說：「水是可行的建造層，如果把水化為空間──這是種心態的劇烈改變──將有充滿可能的全新世界呈現眼前。」對歐道斯來說，重點在於不為靜態城市所拘。藉由可移動的漂浮平台，未來的「水城」可以和拼圖一樣靈活。或許，更貼切的比喻，乃是歐道斯的以下看法：水上平台應被視作「城市的應用軟體」，各有其明確職責，有些供休閒之用，有些供運動、外出用餐之用，或供樹木、野生動物之用。每個都可在人們需要時被人召集、部署，創造出有多種用途且可擴

張的景觀。

那是個不只使既有地圖、也使地圖這個概念本身過時的構想。如果城市由隨時可能被拖到別處的街區構成，那麼舊式的目視設備，例如意在呈現靜態城市一時之面貌的地圖，就得予以撤換。或許，我們所將需要的新式地理呈現形態，會比較類似機場登機門號碼，或被迅即想起又迅即遭遺忘的最後登機時間。

漂浮村似已即將步入成熟階段。第一座建成的漂浮村位於日本沖繩，建於一九七五年，取名水城（Aquapolis）。水城是沖繩國際海洋博覽會的展示物之一，高三十二公尺，主辦單位宣稱它是「邁向無限可能之未來的一小步」，但它也是設計來作為獨立自足的海上都市。二十年後，它被拖到上海當廢鐵賣掉。但日本繼續建造浮體構造物，目前為止最長的此類構造物是巨型人工浮島（Mega-Float），位於東京灣，是長一千公尺的機場跑道。二〇一一年，另一座巨型人工浮島被用來貯存來自福島第一核電廠的受污染水。目前所建成最大一組浮體建築位於南韓首都首爾的漢江之中。它是巨大的會議、活動中心，由三個彼此相連的島組成。最小的浮體構造物則是喬伊希島（Joyxee Island），位於坎昆（Cancún）岸外的一座私人小島，由英國僑民理察特・索瓦（Richart 'Rishi' Sowa）建造。它由約十萬個塑膠瓶製成，支撐一間小房子。

對馬爾地夫人民來說，建築浮體構造物有其切合現實且刻不容緩的理由。構成馬爾地夫的一千兩百個島嶼，全都未超過海平面一點八公尺，意味著它們可能不久後會全部沒入水裡。於是，荷蘭碼頭區建築事務所的所有建築計畫就顯得很奇怪，因為它們

全都意在移入新住民，而非替現有的居民尋找家園。馬爾地夫政府對富人的看法，似乎和歐道斯的看法差不多，但雙方在如何運用因此得到的金錢收益上，看法大相逕庭。幾年前，該國總理透露了在印度、斯里蘭卡、澳洲買地的計畫，亦即認為可藉由觀光收益打造「主權財富基金」，可在海外建立「新馬爾地夫」。觀光客會留下，馬爾地夫人會離開，收租過活。「我們的作為會成為樣板，就像世界上其他國家的隨身工具組，」該總理得意表示。但把偽環保主義、非常住的富豪引入國內，而把本土居民從一主權實體轉化為住在距家園數千英里外的少數族群，這一構想未得到廣泛支持。

較受歡迎的解決辦法，乃是利用從潟湖挖出的沙子，為當地人建造新島。這一過程的第一階段已完成。新的大島忽魯馬列（Hulhumalé）已用經測試可靠的方法建成，是馬爾地夫最高、從而是最安全的地方之一。建造者希望，忽魯馬列這座新島一旦擴展並開發完成，能為馬爾地夫三分之一人口提供棲身之所。但忽魯馬列的誕生，使荷蘭碼頭區的浮島絕非超級富豪遊樂場的說法蒙上另一層陰影。

馬爾地夫人民似乎愛堅實地面更甚浮島。南美洲安地斯山區的的喀喀湖上的浮村，以及在東亞各地所發現的那些浮村，如今或許是觀光景點，但它們長久以來一直是沒有其他選擇之人的家園所在。香港油麻地避風塘無疑就是如此，那是以船為家的難民村。較大的例子包括中國的三都澳和柬埔寨的空邦魯（Kampong Phluk）。三都澳有自己的漂浮郵政系統、便利商店、警察局、餐廳，空邦魯則是數個高腳屋村落的集合體。兩地或許都可被視

為類似歐道斯所說的「應用軟體城市」，因為它們的組成部分往往是加上去的或分開的。但即使在較安穩的湖泊環境裡，浮體構造物都很脆弱：房子淹水、材料損壞，時時得為取得乾淨淡水和保持食物乾燥而操勞。

這些兩難問題在數個地方得到正視，其中之一位在新加坡。新加坡是人口急速成長的小城邦國家，如今該地的領導人提議建造漂浮平台，把那視為創造更多陸地的低成本辦法（比起填海造地便宜。填海造地非常費事，自一九五九年以來為新加坡增加了23％的土地）。但這些計畫不打高空，非常務實，因為誠如這些新漂浮平台的研究權威王建民（Wang Chien-Ming）教授所主張的，沒有哪個平台能存世超過五十年至百年。他說，「你或許會認為好的構造物得能存世百年」，但「百年後沒有人會想住在那裡」。對於把海平面上升和漂浮科技視為最佳房地產之要素的人來說，那是個引人深思的想法。把浮屋當高級住宅來賣一事能維持多久？事實表明，為何水上住宅曾是窮人歸宿，有其充分理由。在世上許多地方，一般人買不起的未來夢想屋很可能是建在距海甚遠的高處陸地上。

用冰做成一座島嶼

尼普特克P-32噴造式冰島
Nipterk P-32 Spray Ice Island

噴造式冰島，是最了不起的築島科技成就之一，卻很可能只會有短暫的榮光。幾乎在它完成之際，它就開始顯得像是另一個時代的殘骸，像是讓我們這一代人瞭解北極圈之命運（不久後北極圈每逢盛夏就會完全無冰）的一則小故事。

一九八九年，艾克森美孚石油公司在加拿大的博福海（Beaufort Sea），即美洲大陸冰天雪地的頂端，建造了尼普特克 P-32。它雖不是這些島中最早的一座，當時卻是最大且最具雄心的一座。那是個具有豐富石油藏量的地區，但直到不久之前，博福海一年中大半時期都是完全冰封，只在八、九月間有裂開一條沿岸小水道。在這一溫度低於零度的氣候裡創造噴造式冰島並不難，首先用軟管把水高高噴向空中。水還沒觸地就結凍，在海冰上往上堆積。在淺水海域，經過多日連續不斷的噴水，海冰不堪重壓而沉到海床，因此它作為浮島並不久。軟管持續噴水，直到水平面上形成一座微圓的島為止。

冰島的形態非常多樣，但最著名的冰島是大自然所造成。冰棚被冰川往前推而崩離落入海時，能創造出比冰山還大上許多的浮島。在北格陵蘭，彼得曼冰川（Petermann Glacier）在過去十年裡就崩解出一些巨大冰島。其中一個最大的，廣達一百二十平方公里，人稱彼得曼冰島。它於二〇一〇年崩離，以往西又往北的之字形路線漂往加拿大的北極圈。BBC 的海倫・切爾斯基

（Helen Czerski）陪它走了部分旅程。她以非常英國式的措詞，將彼得曼冰島的景觀形容為「猶如南唐斯（英國南部的丘陵地帶）的迷你翻版」：「起伏和緩的小丘被谷地隔開，谷地往下通到瀉入大洋的融水瀑布。」

對天然冰島的最精確描述出現於一九五五年，當時有數名美國科學家住在從格陵蘭島崩離的另一座冰島上。從四月直到九月，他們把每道隘谷和每個山頂，以及搭便車的所有動物和岩石，都標示在地圖上，而這座冰島也走之字形路線，往北又往西。它的下場一如彼得曼冰島，最後解體，其中許多碎塊擱淺在北極荒野，就此不再移動。

大自然所造就的冰島，行蹤飄忽不定，四處闖蕩，最後消失於蒼茫天地間，而人造冰島一開始就設計來於固定於一處。工程師最初愛上用冰作為建材，乃是因為它會浮在水上。一些最早期的計畫，可說是歷來最具雄心的。一九三〇年代，德國設計師葛克（A. Gerke）博士提出建立以中大西洋為基地的浮冰機場計畫。一九三二年十月，《現代機械》雜誌（*Modern Mechanix*）報導，葛克博士已「用人力在蘇黎士湖中蓋了一座冰島，它在制冷機器關掉後維持了六天。」葛克的構想在德國未獲採納，但幾年後，得到英國科學家喬福瑞·派克（Geoffrey Pyke）予以進一步闡發。一九四〇年代初期，他嘗試用冰和木漿建造一艘航母，將它稱作 pykrete。他在加拿大亞伯達（Alberta）省的派翠夏湖（Patricia Lake）造了一座原型航母，但他的構想同樣在初期階段就停擺。令人遺憾的，葛克和派克兩人的計畫都具有科學魅力，卻都太不切實際，因為溫帶海域對冰島來說氣溫太高。

　　用冰搭建臨時建築之事已存在多年。從愛斯基摩人的拱形圓頂小冰屋到氣派的冰宮（例如一七四〇年在聖彼得堡所建冰宮），冰長久以來被視為質輕、堅固（如果挑對地方的話）且便宜的建材。但直到一九七〇年代第一個噴造式冰島的詳細計畫在美國得到專利保護，人造冰島才開始吸引大筆資金投入。尼普特克 P-32 之前，就有馬爾斯冰島（Mars Ice Island）、安加薩克冰島（Angasak Ice Island）、卡爾魯克冰島（Karluk Ice Island）於一九八〇年代問世。它們表明噴造式冰島科技可行且能提供穩定的平台，而尼普特克則把這一科技帶進未被標示於地圖的地方。

　　它的體積達到八十六萬立方公尺，比先前諸人造冰島中最大的一座還大了將近一倍。此外，它位在距陸地極遠的海上，得不到堰洲島的保護，在其所在地區海冰一天能移動十公尺。為建造它，工程師得等到冬天，等到可開闢通往工地的冰道，且冰道夠堅實能讓四具噴水裝置就定位之時。噴水作業始於一九八九年十一月二十八日，氣溫一直在攝氏零下二十度以下，足夠讓水在空中就結成冰，然後用推土機將冰塊推定位。有好幾個星期，天氣冷到冰道裂開。除此之外，還有別的未知數：這麼大的島會定住不動嗎？如果氣溫太低，它會不會裂開？它會不會被周遭的海冰撞碎？於是，二十四小時有人監控此島的穩定情況，使工程師得以瞭解尼普特克遭壓實、推移的程度，並以毫米為單位測量最大的側向運動。經過五十三天的施作，尼普特克大功告成，不久它就能支撐服務性與居住性構造物以及一台鑽井架。

　　過去十五年間，新的造島科技問世、精進並證明可用。而尼

普特克並非石油公司所創造的唯一一種人造島。在博福海這個有許多最具新意的活動發生的地區，目前有約十二座由挖出的海灘垃圾構成的犧牲海灘島（Sacrificial Beach Island）。還有更多的砂礫島（Gravel Island）和多種用到沉入海中之混凝土或鋼質構成物的沉箱島（Caisson Island），甚至還有兼用砂礫和噴水造冰技術建成的碎石噴造島（Rubble Spray Island）。在地球上其他地方，找不到這麼多新的造島科技或看到它們如此快速的進展。這些島有不少比尼普特克大上許多。位在阿拉斯加海域的恩迪科特島（Endicott Island）廣達四十五英畝，由兩座砂礫島構成，兩島間有堤道相通。但把重物丟入海中成本高昂。噴造式冰島的造價約砂礫島的一半，而且除役成本低。有一段時期，它們看似未來所繫。但如今，它們看來比較像是因自身成就而反受其害。隨著海溫上升，北極圈的冰覆面積漸減，博福海變得更深更多風暴。即使在十、十一月，博福海南部都有數大片區域無冰。葛克與派克構想冰島時所在的溫帶區，此時正悄悄北移。隨著地球溫度上升，冰島重回不確定的領域。

既是家，也是交通工具

世界號
The World

　　船要造到多大，才不再只是運輸工具，而且還是個不折不扣的地方？「世界號」是一艘巨大的私人郵輪，自二〇〇二年起一直在環航世界，對其上的居民來說，它已是遠離老家的另一個家。它也是個有城門的漂浮共同體，一塊富裕的飛地。或許它還是艘豪華救生艇，艇上滿是逃離世間的難民。

　　在家裡，我有一段幾分鐘的超級八毫米影片，錄了我三歲時在「舟山號」（SS Chusan）郵輪上層甲板上的情景。我穿著挺刮的白襯衫和瀟灑的格子長褲，還打了領帶。當時是一九六七年，我們一家人正欲經由巴拿馬運河前往加拿大途中。「舟山號」於一九七三年報廢；它是最後幾艘舊式遠洋班輪之一，有約十年時間，海上旅行儼然被空中旅行完全取代。但人喜歡搭船。過去三十年，郵輪假期蓬勃發展，郵輪越來越氣派豪華，如今最大的郵輪能搭載六千多人。「世界號」沒那麼大，但它有其與眾不同的抱負。它的「一百三十戶人家」有自己的公寓，且共同擁有這艘船。在船上度個幾天假不成問題，但最正的賣點在於「世界號」讓人可以「不必離家就環遊世界」。「世界號」的旅行路線由船上居民「集體」決定一事，更突顯該船由船上居民擁有並控制的理念。

　　入住「世界號」所費不貲。公寓售價從兩百萬至七百萬美元不等。此外，住戶還得付每年維護費（公寓買價的 6%），以及

船上種種開銷。公寓所有者的身分嚴加保密，但我們知道，澳洲礦業大亨吉娜·萊恩哈特（Gina Rinehart）這位億萬富豪，「心情不好時」，有時就在「世界號」解悶。

　　「世界號」的豪華環球之旅，只提供給上面的住戶，外人無福享用。它是最具冒險性又是最安穩的共同體，滿足超級富豪兩個看似相牴觸的欲求：在無微不至的照顧下過遺世獨立的生活，以及盡情享用地球所能提供最美妙的享受。「世界號」解決了這個看來矛盾的問題。它的宣傳小冊承諾給予乘客「自然率性的生活，讓人著魔的迷人生活，激情且冒險的生活。」它是「富有」這門藝術的精華和實現。

停靠於日本神戶港的世界號。
© 663highland, WIKIMEDIA COMMONS

　　它似乎辦到了。有位法國記者在船上短期停留後寫道，這是「我第一次看到高社經地位者那麼開心」。對這一景象的其他反應，可想而知，較具批判性。「世界號」正完全吻合羅伯特・法蘭克（Robert Frank）的「富人國」（Richistan）認知。「富人國」這個標籤，既帶有對超級富豪窮奢極欲之生活不以為然的批判，但也暗示了某種更重要的意涵，即他們的世界與其他人越來越隔離。社會學家羅蘭・艾金森（Rowland Atkinson）和莎拉・布蘭迪（Sarah Blandy）把「世界號」說成「脫離自立的富裕」之地。他們從經濟上自成一國的角度來看它，小自名叫「飛地」（Enclave）的別克運動休旅車，大至私人噴射客機使用量的增加和波音公司所正打造的「行動豪宅」（mobile mansion），處處都自成一格。對許多人來說，富人的自我隔離，正是當前公家財務拮据、私人生活豪奢這個時代的種種弊病的象徵。「世界號」下水之後不久，就因其排外性而遭到批評。有位隱瞞身分混入其中的英國記者聲稱：「船上瀰漫著濃濃的憂鬱。那氣氛就像葬禮，也像是濱海度假勝地的淡季。」住戶忿忿不平向她抱怨船上討厭的度假客：「如果你花了數百萬買了一間公寓，然後有人花了數百英鎊，就有權和你一樣使用同樣的設施，你會怎麼想？」這些抱怨有許多於啟航後的短期間內爆發，於是不久後住戶即造反，二〇〇三年一起把整艘船買下。

　　「富人國」的興起或許是正在醞釀中的一場社會災難，但「世界號」應該被承認為首開先河的創舉。對它的諸多較富新意的評價，有一則來自搭乘過「世界號」的海上家園協會的成員。該協會是個把總部設在舊金山的研究團體，提倡漂浮城市，也對

席蘭極感興趣（頁232）。他們把「世界號」視為先驅，亟欲從其錯誤中汲取教訓。他們對它的評價簡明扼要：「漂亮、鼓舞人心、雅致、浪費。」讓該協會成員真正難忘的，乃是船上有太多空間未好好利用：「上層甲板網球場旁邊有水坑和數堆該船的用品。有五、六間餐廳，但一次只有兩間營業，因為需求沒那麼大。」這一「漂浮城市」若把規模縮小，營運似乎會較理想。他們接著主張，儘管住戶對此船的低入住率不以為意，但該現象的確間接表明，未來制定計畫時應審慎，勿盲從於「越大越好」這個郵輪度假業的老套想法。

再談那個網球場，「世界號」是唯一配備制式規格網球場的船，那也是它獨一無二的賣點之一。但這一特色反倒突顯欲把船變為真正地方的徒勞。畢竟，在陸地上，一座制式規格的網球場沒什麼大不了。只有在置身於狹促的地方時，你才會覺得那是難得的東西，而此船上的許多特色也適用這個道理。餐廳、劇院、spa讓人覺得特別迷人，純粹因為你身在海上，但在船上打網球或在船上用餐，不會因為你置身海上而變得更過癮或更好吃。在船上度個一星期的假很有意思，但把它變成生活方式，就似乎不是個明智的選擇。除此之外會在海上待上長時間的人，都是別無選擇的人：難民、銷售員、水手。侷促且往往不舒適的生活環境，乃是「漂泊」生活必然的後果。「世界號」是充滿雄心壯志的家，但絕不可能是真正的家。

這麼看來，基本上只是種運輸工具的「世界號」，似乎不可能生出共同體的感覺。或許有人會反駁道，超級機動的富人本就對共同體不感興趣，由他們的某些行為可見一斑，如愛在他們與

我們之間立起高牆，或愛開高安全防護的四輪傳動越野房車。但他們其實應該會感興趣，因為若不如此，人生將會漂泊無依，徹底失去真正的歷史和人際關係。在一艘有著搖晃的水晶大吊燈和網球場的大船上過日子，其樂趣之大顯而易見。但這類船隻所能提供的樂趣，全是在較尋常之地輕鬆就能取得的樂趣，而且這種樂趣短暫且大費周章才覓得。

【八】
曇花一現之地

Ephemeral Places

因著各種目的，
我們打造出許多短暫存在的地方。

性與地理之間有何關係？

豬背嶺的路邊停車帶
Hog's Back Lay-by

51°13'33"N 0°40'25"W

　　靠地理想像催生出的那些最亂、最不好管的地方，有許多也是最短暫的地方。它們被人憑空創造出來，輕輕的座落在地表，常被路人忽視。這些短暫存在之地可能是未經計畫而自然形成的聚落，由難民塑造出或為了難民而被塑造出來，或為了現代經濟所需要的越來越多超彈性工作者而出現（洛杉磯國際機場停車場），但它們也可能是讓人短暫逃避煩擾的快樂之地，例如節慶舉行地（鳥不拉屎之地）、孩童的窩（史戴西巷）或是──豬背

嶺的路邊停車帶。

　　豬背嶺是個遍地青草的宜人小山，位在帕特嫩村（Puttenham）附近，帕特嫩村則位在英格蘭薩里郡的通勤帶上。珍‧奧斯汀在一八一三年五月二十日寫給她姊姊的信中，以深情口吻寫到晴朗天氣時所見到的周遭風景：「我從未在這麼理想的情況下從豬背嶺上觀看過鄉野。」

　　如今，豬背嶺的路邊停車帶和其周遭田野、林地，以戶外性愛場所聞名。據「打野炮去吧」（Let's Go Dogging）網站所述，「打野炮是全球現象，包括在停車場、森林區之類地方的戶外性愛。」「打野炮去吧」替豬背嶺取了「歐洲第二熱門打野炮地點」的稱號。同性質的網站「性伴侶交換天堂」（Swinger Heaven）也很愛豬背嶺，說「這個地方作為性愛地點已超過五十年」。「性伴侶交換天堂」列出薩里郡六十二個打野炮地點，除了豬背嶺，還包括溫莎大公園（Windsor Great Park）裡一些隱蔽的地點，而這座遼闊公園屬英女王陛下所有。

　　「dogging」（打野炮）一詞源於一則謊話，後來那謊話成了這檔事的委婉說法。意思就是男人和女人會拿「只是帶狗出去蹓蹓」當藉口，以便去戶外或車裡與不相識之人雲雨一番。更有趣的，乃是瞭解這樣一個既有現成可用的停車場，還有清新的微風、柔軟的青草、布滿苔蘚的林子的地方，怎會令人血脈賁張，情欲大發。把稀鬆平常的景觀變成英國警方所指定的「公開性愛環境」（Public Sex Environments, PSE）一事，暗暗點出地理的某個隱密且極變態的一面。

　　引我認識性與地理之間關係的人是大衛‧貝爾（David

Bell）。大衛是里茲大學教授，身材高大，舉止優雅，有著尖刻的幽默感。一九九四年，他寄了一篇文章給美國地理學家學會，文章名為「肏地理學」（Fucking Geography）。二〇〇九年，他重談他的主題，為某學術刊物寫了名叫「再肏地理學」（Fucking Geography, Again）一文。貝爾教授主張，地理學應該被肏，不只肏一次，還要肏到它雙眼鼓起。這一說法迎來許多緊張的咳嗽和裝出的不在意。他的觀點使地理學需要認真看待性欲；性欲既能左右人之空間行為，也可能會動搖此學科之保守心態。為此，他研究了打野炮的地理學。但事實表明他真正在意的乃是把打野炮轉化為反抗、顛覆的語彙。另有些學者抱持同樣的觀點。對蘭開斯特大學的費歐娜・米舍姆（Fiona Measham）來說，打野炮「證明了某些人始終想冒險，想反抗對肉體歡愉的規範、抑制和商品化。」

　　但戶外性愛是反抗表現一說似有過度解讀之嫌。它對社會科學家之政治絕望的闡述，多過對在豬背嶺之類地方打野炮行為的闡述。《情色評論》（The Erotic Review）前主編蘿恩・培林（Rowan Pelling）所走的研究路子，就比較可為。她問道，那些「誘人的苔蘚植物床」為何那麼受喜愛？然後斷言「鄉野如同強力春藥」。那是個具有長遠文化淵源的說法。在古希臘田園詩中所發現的「情愛草地」（meadows of love）詩，屬於最古老的文學體裁之一。這一詩學傳統不只是把湍急的溪流、壓扁的花朵、汗珠點點的馬當成背景納入詩中。大自然不只是性事的畫框，大自然就是性愛本身。引發爭議的神學家大衛・麥克蘭・卡爾（David McLain Carr），不久前更進一步闡發這觀點，主張

人間第一個花園「伊甸園」，是個情欲盎然之地，一個挑逗人且讓人性欲大起的樂園。但田野與樹林挑起情欲的特性比宗教還早存在，它具有原始性、令人興奮、讓人放縱。它呼喚我們回去。

帕特嫩村民珀金斯女士以不耐煩的口氣，向某位來訪的記者描述了她家附近的情景：「有兩個男人肩並肩坐在一塊，看一男一女在做愛。附近，有兩個男人在一起做日光浴，光著身子，只穿了白色緊身小內褲。」當地警方的反應，讓珀金斯女士不知如何是好。她從灌木林中撿回一個粉紅色震動器，把它交給警察，「他們說：『我們該怎麼處置它？』我說：『把它列入失物。』」

英國全境有數百處「公開性愛環境」，但我認為這未必反映英國人特別愛在戶外與陌生人做愛，反倒比較可能表明英國人愛創造行政體系的特有傾向。因為一地被冠上這個稱號，不代表公開性愛受到官方容忍，而是表示「受過訓練，懂得如何處理公開性愛環境」的警察瞭解那是怎麼一回事，會管好它，抑制它的使用。勸阻使用這類地方是警方所宣稱的最終目標，但對於「公開性愛環境」，警方卻負有雙重責任。他們深知不可把那些常到豬背嶺的人，特別是同性戀

豬背嶺。
© Colin Smith, WIKIMEDIA COMMONS

男子，趕到更隱密、可能更危險的會面地點。因此，他們可能發出矛盾的信號。二〇一〇年五月至七月間，薩里郡警方努力與豬背嶺的打野炮者套交情，其中包括花了一二四點九三英鎊的錢買茶、咖啡和餅乾。但晚近為降低此區域對性愛訪客的吸引力所做的努力，尤其是天主教教區政務委員會欲把該區域闢為野生動物保護區的努力，可能已有些許成效。帕特嫩教區政務委員理察·葛里格斯（Richard Griggs）表示，如今「在灌木林裡（只有）兩處活動區」。

我想瞭解這類說法是否屬實，於是二〇一三年四月實地前去察看了一趟。艷黃色的荊豆花盛開，陽光燦爛，一如珍·奧斯汀所說，我覺得我從未在「這麼理想的情況下」看過豬背嶺。不久我就在林地裡找到成堆的保險套，還有數量多得嚇人的手術用手套。此外，似有個別警察認為，不管你喜不喜歡，這個「公開性愛環境」已得到普遍的接受。在某個打野炮聊天室，最近有人談到當地警察和藹可親的程度：

> 我和某友人，有次約了人卻沒見到人，悵然而返途中，實在忍不住，於是在離豬背嶺路邊停車帶很近的地方停車……天很暗很晚，汽車呼嘯而過，我忙著呃……嗯嗯嗯……總而言之，接著我注意到一個警察拿著手電筒照進窗子……我們停止動作，搖下車窗，臉有點紅，而他只是問我是否沒事，提醒我們不該在那裡做，但他真的指引我們，如果還需要繼續的話，可以到那條路往上約一哩處的豬背嶺！

　　我打定主意，非得找到性欲與地方之間的關聯不可：更精確的說，就是要弄清楚戶外做愛讓我們亢奮的地方。豬背嶺的打野炮者未有助於我釐清這問題，因為他們似乎認為那個地方就和一具戶外性高潮誘導器差不多。但他們那些空洞且有時讓人不舒服的敘述，未讓我死心，因為很清楚的，他們在戶外和鄉間林地裡得到感官之樂。地理學家似乎仍不願承認這種強力的誘惑。貝爾教授在一篇思索他對地理學之衝擊的文章裡，以無奈的口吻斷言：「因此這個疑問仍未解開：地理學被肏了嗎？我不確定。」但豬背嶺把那句淫猥的話倒了過來：重點不在我們對地理做了什麼，而在地理對我們做了什麼。

「機場會是二十一世紀真正的城市」

洛杉磯國際機場停車場
LAX Parking Lot

33°56'14"N 118°22'15"W

以前，運輸和目的地是大不相同的兩回事，前者只是抵達後者的方法。但我們愛上了流動性（mobility），於是如今，到底是交通服務地方（place），還是地方服務交通，往往說不準。巴拉德（J. G. Ballard）一九九七年預測，「機場會是二十一世紀真正的城市」，而這預言已開始應驗。談起被地方助長的交通網，如今越來越真切，路邊恣意擴張的城區（roadside sprawl）就是典型例子。這類城區是「非地方」（non-place）的都市區，

它們為移動需求提供完整的支持系統，但附屬於移動需求。

我們忘記了我們原靠直覺就理解的東西，即真地方（real place）的本質，因此比以往更容易相信流動性（不斷移動狀態）有其固有價值：前往地方比置身地方重要。你可以反駁道，這一地理學版的「人 vs. 機器」論點，乃是應付不了現代生活之快節奏者的懷舊反應。或許是吧，但這一反駁論點本身如今已頗有歷史，具有現代性（modernity）輝煌時代的特性。它未跟上時代理解以下事實：這類憂心原建立在猜疑和反烏托邦的幻想上，但如今，往窗外看，就為這類憂心找到證據。你所看到的，乃是隨著路線和道路的擴展，地方萎縮了。洛杉磯國際機場停車場 E 區，給了我們稍稍更遠的窗外景象。距 25L 跑道盡頭數千英尺處，座落著一個新式的聚落。

許多輛露營車占據 E 區停車場的東端，而住在那些露營車裡的人，大部分不是常住那裡，或甚至不是整個星期住在那裡。他們構成一個通勤族聚居地，成員有機師、機工和空服員，其中許多人搭航空公司的便機去上班，往往在目的地再度休息補眠。航空公司的安全規定要機組員以充分休息過的狀態上班，但對其員工來說，那做來沒說得容易。大部分航空公司已開始採取將員工送到全美各地和更遠處的營運模式。過去，航空公司提供員工轉機服務，支付他們和他們家眷遷居新地方的費用，但如今這套舊制已遭揚棄，取而代之的是成本低上許多且讓員工遠更孤單的新制。

這一區停車場限停百輛，二〇〇五年起就獲機場當局正式認可為航空公司員工的居住地。居民每月付一百二十美元露營車長

期停放費，另為他們的房車付三十美元的停車費。這費用便宜，儘管付得不是很開心。新植栽的寥寥幾叢玫瑰花，掩蓋不了一個事實，即這是壓榨工資和工作條件的一個產業，其員工不得不接受這個安排。有位接受《洛杉磯時報》採訪的該地區居民說，他已二十年沒調薪：「老是說『你得減薪』、『你得減薪』、『你得減薪』。」有個鄰居表達了同樣的看法：「那是個慘兮兮的產業。情況不是我們過去所以為的那樣。」

《洛杉磯時報》這篇報導惹惱該區居民，因為報出受訪者的名姓。大部分人更希望永遠不為人知，因為 E 區停車場不是讓他們覺得光彩的地方。有位機師向另一位來訪的記者解釋道：「我從沒想到自己會在這裡，但減薪迫使我們不得不能省則省。」有位鄰居抒發了可以理解的憤懣：「很有意思，不是嗎？拿我來說，我從未料到自己最後會落腳於洛杉磯國際機場的停車場。」許多居民堅稱，他們其實不是住在 E 區停車場，而只是把它當成體面的更衣室般來使用。有個在德州有房子的機師說，它只是「個讓人在此為工作做好準備的地方」。但一如其他許多人，他在地理上處於受困狀態，距上班地點很遠，距家也很遠。最初看似暫時權宜的安排，很可能變成半常態或完全常態性的東西。

E 區停車場的居民乃是為美國航空公司提供重要服務的員工，從這點來看，他們實在不該受到這種待遇。機場未提供電、瓦斯或水。為了得到基本服務，居民得動腦筋。他們倚賴太陽能板、小型發電機和當地健身房的淋浴間。那種生活很克難，而簡直像要在他們頭頂上降落的飛機發出的轟轟響聲和亮光，更添他們生活的苦。有些航空公司員工處之泰然，反倒從種種噪音中得

到樂趣。有一人說，「我超喜歡弄清楚什麼飛機要進來」，「我沒為這種生活煩心，我超喜歡的。很刺激。」他的鄰居指出早上六點半整開始有班機起飛，然後以冷冰冰的口吻道出另一個好處：「不需要鬧鐘」。但再多興高采烈的訴說，都無法掩蓋飛機噪音簡直令人無法忍受之事。其他居民喜歡用鋁箔紙和紙減輕傳入的噪音，或在露營車裡播放錄好的白噪音，用一成不變且低沉連續的噪音鈍化尖厲的飛機聲。

　　並非每個人都討厭在機場生活，有些人甚至追求這種生活。北卡羅來納大學教授約翰・卡薩達（John Kasarda）遊走世界各地，頌揚「機場城」（aerotropolis）的樂趣和必然。對他來說，洛杉磯國際機場是市中心：卡薩達認為現代地方的要素，在於可搭機到別處。這一看法等於是在二十一世紀重新鼓吹科比意所憧憬的景觀——移動快速的機器在幾何空間裡四處穿梭，而我們有充分的理由抗拒這一作為。二十世紀人們所創造的摩托化景觀告訴我們，這一遠景不符人的需要，也未創造真地方，從而表示作法雖有不同，結果卻無二致。我們需要的是值得前往的地方，而非由必須不斷移動這一無休無止的需要產生的「非地方」。在日益沒有地方特色的世界裡，真地方（即有著多元、複雜人類史的地方；人第一個踏足的地方），已帶有一反對性格。真地方投入已經飽合但還想容納更多運輸工具的交通，或者說準備好和這樣的交通衝突。那是個嚴峻的抉擇。顯而易見的，必須把倒向旅行的權力平衡往地方這端拉回。

　　但必然發生之感，亦即臣服於比我們任何人還要強大之物的鐵一般意志之感，似乎已被注入文化的血脈裡。不然怎麼解釋我

們為何願意相信那個不斷被人拿出來再利用的說法，即「這個產業」，不只航空部門，而是所有部門都陷入了「危機」？為何願意相信除非我們讓步，變得更有彈性，簽約受雇，搬進距家好幾哩遠的租來的房子，不然不久後我們會沒飛機可搭或沒車可開或沒工作可做？Ｅ區停車場的一位居民，在周遭的嘈雜聲中解釋道，「它是個深陷停滯狀態的產業，說不定已步入臨死痛苦的初期。說不定十年後，這裡甚至不會再有航空公司。就這麼慘。」的確，情況很慘。但同樣不容否認的，我們已對適應「危機」之說習以為常，因而要我們「像無根的遊牧民族過活」這一不人道的要求已變得難以推翻。「危機」的正常化，讓人對攸關他們的事物（例如真正的人際關係和值得飛往的真地方）死心。這一停不下來的移動所創造出的「非地方」，助長交通，使其運轉不停。但「非地方」附屬於流動性，因而它們也類似寄生生物，纏住了一個不關心其死活的宿主。

因節慶而生的地方

鳥不拉屎之地
Nowhere

41°41'49"N 0°10'12"W

　　「鳥不拉屎之地節」（The Nowhere Festival）每年七月在西班牙北部亞拉岡（Aragon）境內一布滿塵土的平原上舉行。它是個短暫的烏托邦；雖然得買票才能進場，但「鳥不拉屎之地」網站宣告，一旦進去，你「不能買賣任何東西，唯獨冰例外。一天有幾個小時賣冰，以免你食物中毒或喝到溫啤酒。」造就出一個「徹底自我表現」和「自力更生」的創意性經濟。它由一群緊挨在一塊的營地為中心組成，而在那些營地裡，什麼事都可能發

生：盛裝遊行、日本茶道、情色人體寫生、馬戲團，以及多種音樂、藝術表演。主辦單位鼓勵參與者善加利用現場的「變裝租借攤位」（Costume Camp）：用該網站部落格的話說，「把它當成一個巨大的玩偶衣物箱，釋放你的童心！」

把節慶當成獨特地方的想法，充滿自由論者的理念，且深受一九六〇年代反主流文化的影響。過去二十年，這一想法從邊陲流行開來，發展為一個集體現象，在地方觀上打開了新的一章。對熱愛地方的物種來說，看到整個聚落突然間於鳥不拉屎之地憑空冒出，可是會大為興奮著迷。而當那個新地方靠一種對新奇與自主的共通執著維繫在一塊，興奮快感更是倍增。

自「鳥不拉屎之地」之類地方和美國加州境內歷史更悠久、面積大上許多的同性質地方「火人祭」（Burning Man）問世以來，已出現諸多更為偏僻、更為古怪的活動，例如在北極圈內挪威某島上舉行的特萊納節（Traena Festival）。事實上，有些音樂家和粉絲覺得這個島太容易抵達，因而已有另一活動問世。這一團人全奔往桑納（Sanna）這顆刮著大風的荒涼岩石，在海穴裡演奏和聆聽音樂。

節慶參與者已對極端地理生出偏好，艱鉅且難以抵達的遙遠、奇特地點，大受他們青睞。曾被吹捧為世上最偏僻之活動的沙漠節（Festival au Désert），通常在馬利的廷巴克圖（Timbuktu）舉行，後來因受到伊斯蘭基本教義派民兵組織威脅，二〇一三年流亡，改在布吉納法索舉行。但它打算回原地，屆時群眾會回籠。距離是篩選群眾的方法之一，使你不必去和與你志趣不合者一起從事自我表現或共用一個攤位。但這或許就是

你所認為自承逃避節慶者所會發出的那種暗暗的譏刺，特別是因為妒忌而更增挖苦心態的人。「鳥不拉屎之地」的創立，其實是想像之物與平凡之物的迷人混合體。為讓這一小塊沙漠變成快樂的聚落，主辦者顯然花了不少心思。打造地方既需大格局的籌謀，也需關注日常生活的現實需要。諷刺的是，正是這些平凡的細節，翻動、促發我們的想像力：我們把它們安排得條理井然，藉此證明新地方是可抵達之地，證明我們能在一空蕩蕩的大地上造出一新世界。

在「鳥不拉屎之地」所造的第一個東西，乃是工作屋（Werkhaus），即集廁所、廚房、陰涼處於一處的作業基地。然後把心力放在這個節慶的重點：「鳥不拉屎之地的中心」。二〇〇四年第一次「鳥不拉屎之地」節，讓主辦單位瞭解到需要一處中心集會區。它以管材和降落傘材料建成，位在營地的一側。最後這個細節或許顯得無關緊要，但事實表明並非如此：地方不只需要中心，還需要位在中央的中心。於是，二〇〇九年，「鳥不拉屎之地的中心」搬到整個節慶場地的中央位置。「鳥不拉屎之地」靠周全的決策和明確的溝通、權責體系，維持其活力。沒有那些擔負起「鳥不拉屎之地領導」職責的人，這個地方會天下大亂，人會流失，樂趣會消失。「鳥不拉屎之地」解構並推翻主流地方的準則，但倚賴嚴明的分工和責任畫分，以打造出可行的替代性選擇。每個「領導」有不同的職責，在節慶前、中、後與其他志工合作。這些職責都很平常：廁所、門票、電力網、回收再利用、安全、醫療團隊諸如此類。還有一通信設施，以該地的郵局和日報《鳥不拉屎之地論壇報》（*Nowhere Tribune*）為

核心。

　　打造地方一事的樂趣，大半在於把這類細節搞定的過程。作為「歐洲對火人祭的回應」，「鳥不拉屎之地」有其仿效的榜樣。但「鳥不拉屎之地」的弔詭之處在於儘管「徹底自我表現」是最終產物，但讓人甘心不支薪投入辛苦工作的因素，不只是欲表現獨創性或表現自我的強烈念頭，還有人對地方固有的愛。為何從無到有打造出一個可用、充滿生氣的地方，然後看到那地方滿是開心、興奮的人，會使他們之中夠多的人發心讓此活動每年都辦一次，其原因在此。而仿自火人祭的「不留任何痕跡」政策，似乎更提升創造「鳥不拉屎之地」的興奮快感。乍看之下，這似乎頗為奇怪，因為我們一談到打造地方之道時，總是會聯想到打造永久性的構造物。好幾代以來，人類一直在用打地基的方式建造新地方；透過重量和耐久性來為人的宏大設計追尋不朽。但在對

二〇〇九年「鳥不拉屎
之地節」活動現場。
© Fabian/BubbleBoy,
WIKIMEDIA COMMONS

宏大建築風格和社會自身的未來都不再抱持信念的後工業時代社會裡，這不再是令人信服的看法。而「鳥不拉屎之地」似乎輕輕鬆鬆就把這看法整個翻轉。主辦人和參與者能打造出這個地方，然後把它收拾得乾乾淨淨，像施魔法一般，留下未受人類玷污的空蕩蕩大地，讓人不佩服也難。地方似乎不必長久存在，就能成為重要或有分量的。事實上，節慶活動的有增無減，間接指出相反的情況：能迅速消失的地方，具有某種增添其光環的東西。

生態世代對這一主題的這個看法並非始終受到重視。當今西班牙境內的一些另類節慶活動，得到因為一九九〇年代英國實施反節慶法而自覺被趕出自己國家的英國僑民支持。這些所謂的「新時代旅人」（New Age Travelers），在英國境內習慣於居無定所，最終若非成為擅自占地或占屋者，就是出走海外，其中許多人前往南歐溫暖、杳無人煙的地方。自那之後，節慶活動大

增，而能整頓並重啟成功之活動者，未受到鄙視，反倒成為搶手人才。就連激進反商的節慶，例如明確拒斥現金經濟的「鳥不拉屎之地」，都已站穩腳跟，成為受重視的文化資產。我們開始重視這些小型烏托邦，不必然是因為音樂或臉部彩繪，而是因為它們使我們想起我們從不想忘掉的東西，想起打造地方是極有趣的事。

孩童為自己打造的角落

史戴西巷
Stacey's Lane

51°41'48"N 0°06'57"E

　　孩童會在成人世界之間和其周遭，創造出他們自己的地方。我和我兄弟兩人小時候在史戴西巷打造出我們的窩。那是條死巷，以住在巷子另一端的史戴西家族而命名。他們家房子後面是數塊崎嶇不平的原野，原野中聳立著小塊山毛櫸林和樺樹林，我和保羅小時候也會在那些樹林裡建造營地。今天再看這條巷子，不會覺得它值得人停佇，因為它只有一百公尺長，兩邊都長著看來髒兮兮的細樹和蔓生的灌叢。巷子兩側的林木帶縱深只有一或兩公尺，往往還更淺，它們後面是各種高大的圍籬和雜亂的鐵絲網。如今，不管天氣如何，它都是個昏暗的地方，始終寒冷、泥濘。但在我們小時候，這是我們創造冒險地與逃離地之處。無論何時我們都有四或五個祕密地點。我們折斷樹枝，踩平土地，以開闢出足夠我們兩人站在一塊的空間。擁有一些這樣的空間頗為重要，大概是因為那使我們永遠有事可做，在我們與他人起爭執時總是有其他地方可去。那意味著我們能分開和聚在一塊，從位在大馬路轉角處的家裡帶來情報或餅乾。

　　只要給孩童一點機會，孩童就會在遭成人地圖冷落的地方打造出自己的角落。我們小時候對更遠處那些田野不感興趣，因為我們想要的是會被成人世界略過的隱密地方。多年後，我看著自

己的兩個小孩在做與我當年一模一樣的事。我住家附近公園裡的杜鵑叢，提供了最受歡迎的地點。如果往陰暗糾結的杜鵑叢裡面瞧，既會看到髒兮兮的男孩，也會看到髒兮兮的女孩。通常至少會有一個氣急敗壞的家長繞著杜鵑叢急切的找人，因為灌叢不只是供小孩打造自己的窩，還供小孩避開成人。

在《城中小孩》（*The Child in the City*）一書中，科林・沃德（Colin Ward）主張：「在我們所有有所為而為的活動背後，即我們的家居世界背後，存在著我們在童年時所取得的這一理想景觀。」他接著把這些失落的地方描述為間接指涉某事物但頑強存在的東西：「它從我們選擇性且經自我審查過的記憶裡被篩選出來，成為說明人生應然狀態的神話和田園詩，一座有待找回的樂園。」沃德的觀點間接表示，孩童打造自己巢窩之舉，不只在後來的人生裡重現，還不斷被積極追求。那些祕密地方或許老久就消失且鮮少被憶起，但它們提供了很重要且大大撫慰人心的東西，因而它們仍與我們同在，我們一再於自己家裡或車子裡打造類似它們的東西，讓我們舒服安心的成人的窩。

孩童的窩是我們人生的第一個地方，或至少是我們用想像力積極塑造、關愛、理解的第一個地方。就是在我於史戴西巷的樹叢中那些不舒服的窩裡，我體認到地方能比我所習於接受的那套例行活動和分界線遠更有趣。我也清楚記得它們所提供的，不只是安全感或躲藏的樂趣。我能記得我們兩兄弟間低聲交談的話語，一再重造每個窩之意義的話語：這是你的基地；不，它是我的主基地；不，這是通往那兩個窩的入口，那兩個窩是臥室。每個地方的意義完全由我們決定，且不斷被改變以配合我們多變的

幻想。

造窩是種特殊的遊戲，沒用到玩偶或玩具槍，而以地方為工具。它是種特別私密且脆弱的遊戲。只要有大人或青少年在場，就能立即把它毀了：一張赫然聳現的臉會使我們的窩淪為凌亂無趣的一堆枝條。大人很難重溫這一短暫、好玩的地方打造樂趣，因為隨著我們長大成人，我們再度習慣於以下觀念：地方的意義是固定不變且非我們所能控制。本書中其他許多主題（微國家、偏遠的節慶活動、純男性的宗教聚落），讓我們覺得很特別，因為它們類似造窩行動。但與孩童的窩相比，它們是靜態之地，始終固定不動在我們想像的那一瞬間。

但就在保羅和我帶著餅乾蹲坐在灌叢裡時，另有一些大人開始憂心有幸享有類似經驗的孩童變少。一九六〇年，保羅·古德曼（Paul Goodman）就描述了他所謂「吃掉」了遊戲空間、奪走「真實環境」的「家戶流動、鄉野消失、鄰里傳統消失」現象。如今，世人普遍認為孩童的嬉戲有滅絕之虞。教育研究人員凱倫·馬隆（Karen Malone）和保羅·川特（Paul Tranter）寫到澳洲都會區時表示：「許多孩童無緣享有傳統的嬉戲環境，包括街道和野地。」他們認為這要歸咎於一些因素：「家長怕孩子被車撞、霸凌行徑和社會上『提防陌生人』的宣導」，以及「自然空間的消失」和對孩子保護過甚。家長的種種擔心，使街道對孩童來說成為危險之地，公園亦然。這些恐慌並非沒有根據，但其所造成的後果，乃是玩耍越來越被視為有時間限制且需要專家來予以管理的「經驗」。經過專業人士設計的遊戲場和「遊戲促進者、遊戲從業人員、遊戲助手」正在各地開疆拓土，而這是不

可能達成且充滿弔詭的任務。一方面我們想保護小孩，另一方面我們又希望他們重現我們想像中的那些童年冒險。以遊戲為正職的專業人士，既被要求確保小孩免遭危險，又被要求把小孩帶離以螢幕為基礎的休閒活動，藉此讓小孩履艱歷險。

諷刺的是，今日許多小孩在電腦上造了自己的窩。我知道如果我的兩個小孩看到保羅和我所造的那些粗糙的東西，會覺得那太遜。有許多網站讓他們得以在舒適的環境裡，不只打造他們自己的房間或房子，還打造他們所獨享的整個景觀和王國。這往往是他們為了某個虛擬角色而做，但本質上它是一種造窩行為，以想像力創造出看來不被愛窺探、煩人的成人世界侵擾的地方。但這些虛擬的窩少了一樣東西：它們未使它們的使用者重新評估他們與真地方的關係，或未使他們掌握塑造它們的力量。它們畢竟是成人世界所創造出的東西：經過精心的修整，有著非常嚴格之規則和有限之選擇的空間。如果我們的確把成年後的歲月花在重造童年時溫暖、自由、快樂的幻想地，那麼，探明玩《模擬人生》（Sims）這個電玩長大的一代，會在懷舊的心態下，如何重現他們透過電腦留下的地理遊戲回憶，將會是件很有趣的事。

結論

對戀地物種的同情

　　我前面所談的，只是諸多特異之地裡的一小部分。我希望那能使我們思考地理想像的範圍和威力，同時也讓我們對自身與周遭地方的關係有所瞭解。這些不被規則所限制的地方能破除我們的預期，使地理學重新具有魔力。它們也逼我們去理解驅策人類的許多基本誘因，例如對自由、逃離、創造力的需求，與地方有密不可分的關係。從桑迪島到史戴西巷，我們已看到人如何將希望與憂心傾注於地方。

　　本書從失落、隱密的地方談起，接著談到的地方，大部分屬於偶然遇到的地方，最後則談到經特意設計、打造的地方。如此的鋪排遵行人類塑造、創造的本能。但這些相遇無一予人安心或舒服之感。我們不只得碰到地球上一部分最古怪的地方，還得碰到地球上一部分最荒涼、最艱難的地方，才領悟到它們的故事對我們至關緊要；領悟到沉沒的島和新沙漠的遭遇，或受殘暴當權者掌控之城鎮的遭遇，關乎每個地方。

　　我們也得正視一個事實，即我們與地方的關係充滿弔詭。尋常地方似乎也是不尋常的地方：最奇異的地方，可能就在街角或就在我們腳下。另一個引人注目的弔詭，乃是邊界既困住我們，也讓我們感覺到自由。在本書中的某些地方，特別是我稱之

為「無主之地」的那些地方，似乎已逃出讓人透不過氣的國家框
框，從而予人自由的應許。但在它們的不可預料和有時殘酷的作
風中，這些地方也逼我們去瞭解為何人覺得邊界是必要之物。這
一弔詭有時會更強烈：因為我們之所以不斷畫設邊界，不只出於
現實需要。或許，我們已該承認，邊界鼓舞我們，且人從邊界得
到樂趣。脫離自立的國家就提供了最清楚的例子，但那也是可在
從巴勒納紹到聖山等諸多地方找到的一種心情。或許聽來太過武
斷，但我覺得仍應說出：沒有邊界的世界不只絕不可能出現，而
且如果真的出現，也不會太好玩。

　　從前面四十七個讓人眼花撩亂的地方浮現的另一個弔詭，乃
是人既需要流動性，又需要穩固的根。薩爾曼・魯希迪（Salman
Rushdie）在《她腳下的土地》（*The Ground Beneath Her
Feet*）中告訴我們，「在人的諸多劇烈搏鬥中，也存在著『家』
的幻想與『離家』的幻想之間、紮根的夢想與旅行的幻象之間的
強烈衝突。」有些我們已遇到的地方，力求兼顧兩方：不斷遊歷
全球各地的「世界號」之類的居住船，以及突然冒出、然後消失
得無影無蹤的短暫地方，例如「鳥不拉屎之地」。但這是個絕不
可能乾淨俐落或徹徹底底解決的兩難。逃離和流浪的渴望，就和
與之截然相反的另一股想望──認識並鍾情於特定地方的渴望，
一樣深植於人的骨子裡。那不是三兩下就可解決的難題，而是需
要正視並承認的長期困境。

　　地方是人的身分裡不可或缺的一部分，地方的弔詭之處亦
然。人的最根本觀念與愛戀不是隨便哪個地方都會發生，不是脫
離地方憑空發生，而是在他們與地方的關係之中且透過那層關係

被塑造出來。這或許算不上是新論點，但是個仍讓我們覺得難以探討的論點。或者更精確的說，我們覺得它很難讓人談得起勁，很難成為被思想家和作家嚴正看待的問題。所幸跡象顯示，已有人開始反思地方的本質。羅伯特·貝文的《記憶的摧毀》一書，內容發人深省。此書談地方的遭摧毀，更具體的說，談二十世紀那些因為某種好戰意識形態而遭轟炸或拆除的地方，多得叫人心情為之一沉的地方。那些已把真地方之死、「非地方」、「鳥不拉屎之地」的興起擺上文化議程的作者，例如英國的保羅·金斯諾思（Paul Kingsnorth）、法國的馬可·奧傑（Marc Augé）、美國的詹姆斯·康斯勒（James Kunstler），都在為這場討論加薪添柴。那些關心地方的人有許多事情要煩心，但如果這場討論局限於懷舊的哀嘆，那會是很遺憾的事。誠如先前已提過的，世上仍有許多叫人意想不到的地方，許多能讓人高興，有時令人驚駭，但始終令人著迷的地方。這些難駕馭的地方刺激我們，從而使我們不得不去思考地方在我們生活中遭忽略但極其重要的角色。它們激使我們去自省我們這個打造地方且愛地方的物種，究竟是什麼樣的物種。

誌　謝

我要深深感謝英國 Aurum 出版社的 Robin Harvie 和美國 Houghton Mifflin Harcourt 出版社的 Courtney Young 持續不斷的協助、鼓勵和許多寶貴建議，感謝 James Macdonald Lockhart 對我的信心和耐心，感謝 Rachel、Louis 和 Aphra 提供許多見解和傾聽我的想法。

參考書目

Ackroyd, Peter (2011) *London Under*, London, Chatto and Windus

Alterazioni Video (2008) 'Sicilian Incompletion' (*Abitare*, 486, pp.190-207), available at http://www.alterazionivideo.com/new_sito_av/projects/incompiuto.php

Auge, Marc (1995) *Non-Places: Introduction to an Anthropology of Supermodernity*, London, Verso

Babcock, William (1922) *Legendary Islands of the Atlantic: A Study in Medieval Geography*, New York, American Geographical Society

Ballard, J.G (1962) *The Drowned World New* York, Berkley Publishing

Ballard, J.G. (1974) *Concrete Island*, London, Jonathan Cape

Bevan, Robert (2006) *The Destruction of Memory: Architecture at War*, London, Reaktion Books

Boym, Svetlana (2001) *The Future of Nostalgia*, New York, Basic Books

Brick, Greg (2009) *Subterranean Twin Cities*, Minneapolis, University of Minnesota Press

Brodsky, Joseph (1987) 'A Guide to a Renamed City', *in Less Than One: Selected Essays*, London, Penguin Books

Casey, Edward (1998) *The Fate of Place: A Philosophical History*, Berkeley, University of California Press

Choisy, Maryse (1962) *A Month among the Men*, New York, Pyramid Books

Egremont, Max (2011) *Forgotten Land: Journeys among the Ghosts of East Prussia*, London, Picador

Frank, Robert (2007) *Richistan: A Journey Through the 21st Century Wealth Boom and the Lives of the New Rich*, London, Piatkus

Guevara, Ernesto (1961) *Guerrilla Warfare*, New York, MR Press

Ben Hill (1989) *Blue Murder: Two Thousand Doomed to Die – The Shocking Truth About Wittenoom's Deadly Dust*, South Melbourne, Sun Books

Hohn, Donovan (2012) *Moby-Duck: The True Story of 28,800 Bath Toys Lost at Sea*, London, Union Books

Kasarda, John and Lindsay, Greg (2011) *Aerotropolis: The Way We'll Live Next*, London, Penguin Books

Kingsnorth, Paul (2008) *Real England: The Battle Against the Bland*, London, Portobello Books

Kunstler, James (1993) *The Geography of Nowhere: The Rise and Decline of America's Man-made Landscape*, New York: Simon and Schuster

Lee, Pamela (2000) *Object to Be Destroyed: The Work of Gordon Matta-Clark*, Cambridge, MIT Press

Moorcock, Michael (1988) *Mother London*, London, Martin Secker and Warburg

Miéville, China (2009) *The City and the City*, London, Macmillan

Mycio, Mary (2005) *Wormwood Forest: A Natural History of Chernobyl*, Washington, Joseph Henry Press

Nunn, Patrick (2008) *Vanished Islands and Hidden Continents of the Pacific*, Honolulu, University of Hawai'i Press

Saladin *Hell: Where is it?*, London, W. Stewart and Co.

Stommel, Henry (1984) *Lost Islands: The Story of Islands that have Vanished from Nautical Charts*, Vancouver, University of British Columbia Press

Tuan, Yi-Fu (1974) *Topophilia: A Study of Environmental Perception, Attitudes and Values*, Engelwood Cliffs, New Jersey, Prentice-Hall

Ward, Colin (1977) *The Child in the City*, London, Architectural Press